So sind sie, die

Belgier

Antony Mason

Die Fremdenversteher

Impressum

Antony Mason
So sind sie, die Belgier

erschienen im
Reise Know-How Verlag Peter Rump GmbH
Osnabrücker Str. 79, 33649 Bielefeld

1. Auflage 2018

Titel der englischen Originalausgabe:
Xenophobe's® guide to The Belgians

Deutsch von Sabine Burger und Alexander Schwarz

Gestaltung
Umschlag: Franziska Feldmann (Layout), der Verlag (Realisierung)
Inhalt: Günter Pawlak, FaktorZwo (Layout), der Verlag (Realisierung)
Zeichnungen: Gunda Urban und Franziska Feldmann

Redaktion
Thorsten Altheide

Druck und Bindung:
Media-Print, Paderborn

Printed in Germany

ISBN 978-3-8317-2884-8
ISBN epub 978-3-8317-4965-2
ISBN mobi 978-3-8317-4966-9

Dieses Buch ist erhältlich in jeder Buchhandlung Deutschlands, der Schweiz und Österreichs:
Bitte informieren Sie Ihren Buchhändler über folgende Bezugsadressen:
Deutschland
Prolit GmbH, Postfach 1109, D-35461 Fernwald (Annerod) sowie alle Barsortimente
Schweiz
AVA Verlagsauslieferung AG, Centralweg 16, CH-8910 Affoltern am Albis
Österreich
Mohr Morawa Buchvertrieb GmbH, Sulzengasse 2, A-1230 Wien

Wer im Buchhandel trotzdem kein Glück hat, bekommt unsere Bücher auch über:
www.reise-know-how.de

Inhalt

In Belgien leben 11 Millionen Menschen. Im Vergleich dazu gibt es 5,5 Millionen Dänen, 8,5 Millionen Schweizer, 17 Millionen Niederländer, 46,5 Millionen Spanier, 54 Millionen Engländer, 66 Millionen Franzosen, 82 Millionen Deutsche und 323 Millionen Amerikaner.

Die Bevölkerung besteht aus zwei Hauptsprachgruppen. Etwa 6 Millionen sprechen Flämisch und 4 Millionen Französisch (hinzu kommen 67.000 Deutschsprachige an der deutschen Grenze). Brüssel durchbricht diese säuberliche Einteilung, da es eine fast ausschließlich französischsprachige Insel im flämischsprachigen Flandern bildet.

Belgien hat etwa ein Viertel der Größe Englands und würde 18 Mal in Frankreich passen.

Nationalgefühl & Identität

Dass Brüssel die Hauptstadt Belgiens ist, ist eine gute Sache für die Belgier, denn der Status der Stadt als „Hauptstadt Europas“ bedeutet, dass Leute aus der ganzen Welt dieses Land (einigermaßen genau) auf einer Karte zeigen können. Es bedeutet allerdings nicht unbedingt, dass Ausländer auch wissen, welche Sprache die Belgier sprechen, aber es ist immerhin ein Anfang.

Belgier zeigen keine glühende Begeisterung für ihre Nationalität. Aus einer Meinungsumfrage ging hervor, dass 60 % der Belgier sich wünschten, sie wären anderswo geboren. Ihre Nationalhymne besingt *La Patrie* (das sich reimt auf „O Belgique! O Mère Chérie“), aber nur wenige Belgier kennen mehr als eine Strophe. So begann ein Kandidat für das Amt des belgischen Premierministers, auf die Frage, ob er den Text der Nationalhymne kenne, die *Marseillaise* zu singen.

›› Aus einer Meinungsumfrage ging hervor, dass 60 % der Belgier sich wünschten, sie wären anderswo geboren.

Eine Warnung vorab

Da es nichts Besonderes gibt, das man über Belgien und die Belgier sagen könnte, hat das Land bei Ausländern den Ruf, es sei langweilig. Das ist ein Vorurteil, das sich nicht leicht abschütteln lässt. Es ist, als würde man einen Langweiler fragen, ob er nicht etwas Interessantes zu sagen hätte. Belgier kennen dieses Gefühl nur zu gut. Sie haben es wirklich versucht.

Eine bemerkens- und liebenswerte Eigenschaft der Belgier ist, dass sie nicht in die Falle tappen, die dieser Ruf mit sich bringt. Sollen sich doch andere Länder aufplustern: Der Hahn, der am lautesten kräht, landet als Erster im Topf.

Doch die Spötter sollten besser aufpassen. Dinge aus Belgien kommen in Mode und zwar nicht nur Schokolade und Bier. Besucher Belgiens entdecken zu ihrer großen Überraschung die Genialität der belgischen Küche, die ehrliche Wärme der belgischen Gastfreundschaft, die meisterhafte Brillanz flämischer Kunst und sogar das eine oder andere *château,* das sich auf dem Land versteckt. Eine Gruppe Modedesigner, die sich *The Antwerp Six* nennt, ist zu internationalem Ruhm aufgestiegen und die Modefakultät der Antwerpener Kunstakademie produziert reihenweise Aufmerksamkeit erregender Talente. Auch anderen Nationen fällt inzwischen auf, dass die Belgier in ihrer ruhigen, unaufdringlichen Art offenbar viele Dinge genau richtig machen, um den Anforderungen im Europa des 21. Jahrhunderts gewachsen zu sein.

›› Berichten der Vereinigten Nationen zufolge gehört Belgien zu den Ländern, in denen es sich am besten leben lässt.

Berichten der Vereinigten Nationen zufolge, die diesen Eindruck nur bestätigen, gehört Belgien in der Europäischen Union zu den Ländern, in denen es sich am besten leben lässt, sowie zu den 20 wohlhabendsten Ländern der Welt, was die

Belgier einigermaßen schockierte. Daraufhin verwendeten sie prompt jede Menge Druckertinte und Blogeinträge, um zu erklären, warum eine solche Auszeichnung nicht gerechtfertigt sei.

Nationale Identität

Die mangelnde Inbrunst der Belgier für ihr Land liegt wohl auch daran, dass die belgische Nation so jung ist. Erst 1830, nach jahrhundertelanger Besatzung und Invasionen durch Römer, Franzosen, Burgunder, Spanier, Österreicher und Niederländer, erlangte Belgien seine Souveränität .

Die Unabhängigkeit wurde durch eine Revolution erreicht, die sich an einer Oper entzündete. Aufgeheizt durch die Stimmung in Aubers *La Muette de Portici* (Die Stumme von Portici), stürmten die Opernbesucher in ihren eleganten Kleidern auf die Straßen Brüssels und hissten die Nationalflagge über dem Rathaus. Nach einigen Scharmützeln flohen die niederländischen Besatzungstruppen. Daraufhin stürmten Rebellen den Königspalast, wo sie das Ende der niederländischen Herrschaft damit feierten, dass sie eine Büste des Königs mit einem Käse krönten. Im Anschluss daran spazierten sie durch seine Gemächer und bewunderten seine Garderobe. Diesen Ereignissen mag der packende Elan der französischen Revolution fehlen, aber die Belgier haben sich schon immer eher für Bescheidenheit ent-

›› Die Unabhängigkeit wurde durch eine Revolution erreicht, die sich an einer Oper entzündete.

schieden als für einen Platz in den Geschichtsbüchern. Und im Großen und Ganzen scheint ihnen diese Haltung recht gut gedient zu haben.

Das Belgisch-Sein ist nicht sehr tief in der Geschichte verwurzelt. Anders als andere junge Nationen wie Deutschland und Italien, definiert sich Belgien auch nicht über die Sprache, da es zwei Hauptsprachen gibt: Französisch und Niederländisch (das früher Flämisch hieß, heute aber von den Belgiern, die es sprechen, als Niederländisch bezeichnet wird).

Der Durchschnittsbelgier wirkt einigermaßen wohlhabend und zufrieden, wenn auch von Sorgen gezeichnet. Letztere entstehen durch den Stress, den zu viel komfortable Häuslichkeit, die Fülle an Konsumgütern und das viele gute Essen verursachen. Doch sehr nah unter der Oberfläche eines beschaulichen Landes, das seinen Mangel an nationalem Chauvinismus als Stärke sehen könnte (wenn es wollte), schwelt bittere Antipathie zwischen den beiden größten Sprachgruppen.

›› Sehr nah unter der Oberfläche eines beschaulichen Landes schwelt bittere Antipathie zwischen den beiden größten Sprachgruppen.

Während der 1990er Jahre war Belgien praktisch ein zweigeteilter föderaler Staat, in dem das niederländischsprachige Flandern und die französischsprachige Wallonie von einer nationalen Regierung und der Hauptstadt – einer hauptsächlich französischsprachigen Insel umgeben von flämischem Gebiet – zusammengehalten wurden.

„Il n'y a plus de Belges" ist eine übliche Beschwerde. *„Il n'y a que des Wallons et des Flamands."* („Es gibt keine Belgier

mehr. Es gibt nur noch Wallonen und Flamen.") Heutzutage bedeutet Nationalismus nicht eine Leidenschaft für Belgien, sondern für Flandern oder die Wallonie. Die Emotionen zwischen den beiden Regionen können sehr stark hochkochen, besonders entlang der unbestimmten Grenzen zwischen ihnen. Man kann sich ihre entsprechenden Wahrzeichen, den wallonischen Hahn und den flämischen Löwen, sehr gut dabei vorstellen, wie sie versuchen, sich gegenseitig die Augen auszukratzen. Manchmal scheint die gesamte Zukunft Belgiens auf dem Spiel zu stehen. „Wir sind das einzige Land, das daran zweifelt, ob es überhaupt existiert," behauptet der belgische Poet Daniel De Bruycker. Es wird oft behauptet, das Land werde nur von zwei seidenen Fäden zusammengehalten: der königlichen Familie und den „Roten Teufeln" (die Fußballnationalmannschaft).

» Man kann sich den wallonischen Hahn und den flämischen Löwen sehr gut dabei vorstellen, wie sie versuchen, sich gegenseitig die Augen auszukratzen.

Da Politiker aus beiden Lagern die Feindseligkeiten zwischen den Sprachgruppen nach dem Prinzip „teile und herrsche" ausnutzen, ist es inzwischen ein politisches Statement geworden, sich selbst als Belgier (statt als Flame oder Wallone) zu bezeichnen. Autoaufkleber, die verkünden *Belge, et fier de l'être* („Belgier – und stolz darauf"), sind kein armseliger Versuch, ein Stigma loszuwerden, sondern Ausdruck des Wunsches, die belgische Nation zu erhalten.

Wie die Belgier sich selbst sehen

Die Belgier sind etwas zu schnell dazu bereit, sich selbst als Nation kleinzureden. Sie tendieren dazu, ihr Land als flach und klein zu beschreiben – in Wirklichkeit ist es weder überaus klein, noch überaus flach, doch sie scheinen immer mit einer Beleidigung zu rechnen. Sogar König Leopold II., der das 19. Jahrhundert dominierte und als Geißel des Kongo galt, qualifizierte sein Land einmal mit der berühmten Bemerkung ab: „*petit pays, petit gens*" (kleines Land mit kleingeistigen Leuten).

Trotz der vielen guten Dinge, die in neuerer Zeit über die Belgier gesagt und geschrieben wurden, hängt der Nation noch immer eine gewisse Melancholie und ein Mangel an Selbstbewusstsein an. Sie haben die besten Absichten, doch scheint immer etwas dazwischen zu kommen: wirtschaftliche Probleme, schlechte Gesundheit, Korruption in der Politik, die Flamen, die Wallonen, die Franzosen ... oder dass sie Belgier sind.

›› Belgien gilt normalerweise nicht als Gütesiegel für hohe Qualität, außer bei Schokolade.

Als der Modedesigner Dries van Noten zum ersten Mal entdeckte, dass die internationale Modewelt „Made in Belgium" für ein unfehlbares Label für etwas wirklich Begehrenswertes hält, war er aufrichtig verblüfft. Belgien gilt normalerweise nicht als Gütesiegel für hohe Qualität, außer bei Schokolade.

Jedenfalls würden viele Belgier sagen, dass sie sich selbst nicht als Belgier sehen, sondern als Flamen oder Wallonen beziehungsweise an erster Stelle als Flamen oder Wallonen und erst an zweiter Stelle als Belgier. Beispielsweise würde in Flandern ein Flame, der ein internationaler Star geworden ist, höchstwahrscheinlich als großer Flame gefeiert, während ein Wallone, der ein internationaler Star geworden ist, von den Flamen als großer Belgier bezeichnet würde.

Was jedoch alle Belgier vereint – außer Bier, Pommes Frites, Tim und Struppi, der katholischen Kirche und einer 2000-jährigen Geschichte (wenn auch nicht als Staat) –, ist das Gefühl, zumindest keiner anderen Nationalität anzugehören. Sie mögen zögern, sich selbst als Belgier zu bezeichnen, aber sie sehen sich sicher nicht als Deutsche, Niederländer oder Franzosen. Das macht die Belgier besonders: Wenige Nationen werden durch das Negative definiert.

» Alle Belgier teilen das Gefühl, zumindest keiner anderen Nationalität anzugehören.

Wie die Flamen sich selbst sehen

Die Flamen halten sich selbst für fleißig, ehrlich und zuverlässig. Dies sieht man zum Beispiel an Brügge, Gent und Antwerpen – ein großartiges Trio – mit ihren prächtigen Kathedralen und wundervollen Kunstsammlungen mit Werken von Jan van Eyck, Dirk Bouts, Rubens, Jacob Jordaens, Van Dyck und anderen. Diese Städte waren zu ihrer Blütezeit Stadtstaaten, die noch heute Bürgerstolz und Unabhängigkeit ausstrahlen.

Die Flamen sind stolz: Sie haben das Gefühl, dass ihr Stern noch immer steigt und dass nach Jahrhunderten, in denen sie von den französischsprachigen Belgiern getreten wurden, der Stiefel jetzt am anderen Fuß sitzt.

Das Blatt hat sich gewendet. Nachdem die Schwerindustrie in der Wallonie zusammengebrochen ist, haben die Konsumgüterindustrie, die Hafenanlagen im Norden und der Tourismus für eine wirtschaftliche Blüte in Flandern gesorgt. Die Region gehört nun zu den wohlhabendsten Europas, führend in der Informationstechnologie, Pharmazie und Elektroindustrie. Für die Flamen ist dies ein Glücksfall und sie versuchen mehr schlecht als recht, ihre Schadenfreude zu unterdrücken. *„Flanders: Star Region in Europe“* („Flandern: Starregion in Europa“) hieß der Slogan einer Werbekampagne. Diese stellt die längst fällige Gegenoffensive zu einer langen Geschichte von Negativschlagzeilen dar. Die Flamen haben sich selbst an der Spitze des europäischen Wirtschaftsaufschwungs positioniert. Sie rühmen sich für ihre Ehrlichkeit, Gutmütigkeit und Menschlichkeit und fühlen sich auf eine Art und Weise kultiviert, die nicht als großtuerisch bezeichnet werden kann. Tatsächlich, sehr belgisch.

›› Flandern gehört zu den wohlhabendsten Regionen Europas.

Wie die Wallonen sich selbst sehen

Die französischsprachigen Belgier sehen sich (anders als die Flamen) zuerst und vor allem als Belgier. Die Wahrheit ist: Sie machen harte Zeiten durch. Sie haben das Gefühl, dass sie ganz schön in der Klemme sitzen.

Die Wallonen haben an Macht verloren. Sie haben in einem Land, in dem sie einst unbestritten das Sagen hatten, die Oberhand verloren. Die Wallonie hat sich in eine nette, verschlafene Provinz irgendwo in Europa verwandelt.

Die französischsprachigen Brüsseler fühlen sich noch stärker unter Druck. Umringt von Flandern haben sie das Gefühl, dass die Flamen Brüssel zur Hauptstadt Flanderns machen wollen, ungeachtet der Tatsache, dass die Mehrheit der Brüsseler frankophon ist. („Es kommt darauf an, wie man die Grenzen durch Brüssel zieht", entgegnen wiederum die Flamen.) Kurz und gut, die französischsprachigen Belgier betrachten sich selbst als unterdrückt. Dies ist für sie schwer zu akzeptieren, da sie sich selbst als fleißig, zuverlässig, freundlich, umgänglich und (wenn auch nicht übermäßig) kultiviert sehen, weshalb sie es sicher nicht verdient haben, die zweite Geige zu spielen.

» Die Wallonen haben in einem Land, in dem sie einst unbestritten das Sagen hatten, die Oberhand verloren.

Wie die Flamen die Wallonen sehen

Die Flamen können eine gewisse Schadenfreude (wenn nicht sogar unverblümte Rache) ob ihres in jüngerer Zeit erlangten Aufstiegs über die Wallonen nicht unterdrücken. Jedenfalls finden sie, dass die Wallonen sich alles selbst zuzuschreiben haben, weil diese selbstgefällig, unentschlossen und herablassend sind. Die Wallonen mögen sich selbst für gelassen und weltoffen, ja unkonventionell, halten, doch die Flamen sehen diese Charakterzüge als Tendenz zu Bequemlichkeit, Zügellosigkeit und Verkommenheit. In flämischen Augen sieht Wallonien einigermaßen verwahrlost und unorganisiert aus. Hier ist ein Witz, den die Flamen über ihre französischsprachigen Landsleute erzählen:

> Frage: Warum haben die Wallonen einen Hahn als Symbol?
> Antwort: Weil er das einzige Tier ist, das auch noch singt, wenn es in der Scheiße steht.

Was die Flamen allerdings wirklich nervt, ist die Sache mit dem Geld. Die Flamen (Arbeitslosigkeit 7 %) machen Gewinne und zahlen Steuern an den Staat, die dann umgehend für Sozialausgaben an Wallonen (Arbeitslosigkeit 14 %) ausgegeben werden. Warum sollen die Flamen die faulen Wallonen unterstützen? Sollen die doch selbst für ihre Schluderwirtschaft geradestehen.

So etwas hört man, wenn Flamen überhaupt mal über die Wallonen nachdenken. In flämischen Städten wie Brügge sei jedem verziehen, der vergisst, dass es überhaupt einen französischsprachigen Teil Belgiens gibt. Man hört selten Französisch. Viele der Flamen finden, sie bräuchten die Wallonen nicht wirklich zu ihrem Glück.

Wie die Wallonen die Flamen sehen

Okay, sagen die Wallonen, das Blatt hat sich gewendet, aber es ist doch typisch für die Flamen, dass sie uns diese Tatsache noch extra unter die Nase reiben müssen. Sie weigern sich Französisch zu sprechen, obwohl sie es könnten. Sie stellen niederländische Straßenschilder auf – sogar in den Gebieten der flämischen Gemeinden, in denen hauptsächlich Französisch gesprochen wird. Und jetzt haben sie sogar noch die Unverfrorenheit, Brüssel zur Hauptstadt von Flandern machen zu wollen.

Wem dies unnötig aggressiv, kleinkariert und rachsüchtig vorkommt, der stelle sich die Frage, was man schon von *les paysans flamands* (den flämischen Bauern), einem humorlosen, engstirnigen Volk mit einer aggressiven Haltung erwarten kann?

» Viele französischsprachige Belgier haben enge Freunde und Verwandte unter den Flamen.

Gleichwohl haben viele französischsprachige Belgier tatsächlich enge Freunde und Verwandte, die Flamen sind, und sie schaffen es irgendwie, gegen den Strom zu schwimmen. So entsteht dieses warme, wohlige Gefühl, besonders nach einem guten Mittagessen, dass im Grunde genommen doch alle Belgier sind.

Wie die Belgier andere sehen

Im Gegensatz zu dem sehr komplizierten Konflikt zwischen den Sprachgruppen in ihrem Land sind die Belgier anderen Ländern gegenüber auf eine sehr natürliche und überhaupt nicht selbstgefällige Art und Weise bewundernswert tolerant – als ob dies Teil der guten Manieren und des Anstands sei, die sie von sich und anderen erwarten.

Wenn man bedenkt, dass die Deutschen Belgien im 20. Jahrhundert zweimal überrannt haben, ohne auch nur um Erlaubnis zu fragen, sind die Belgier bemerkenswert großmütig ihnen gegenüber. Zu der Frage, wie die Belgier die Deutschen sehen, kann man am ehesten sagen, dass sie sich durch diese emotional betäubt fühlen. Aus Sicht der Belgier ist einer der Hauptgründe für die Europäische Union, dass man die Deutschen damit im Zaum halten kann.

›› Aus Sicht der Belgier ist einer der Hauptgründe für die Europäische Union, dass man die Deutschen damit im Zaum halten kann.

Die Belgier fürchten, dass sie den Amerikanern etwas dankbarer sein sollten, als sie es tatsächlich sind. Allerdings kann man ihnen dies kaum vorhalten, schließlich erhalten sie ihre Informationen über die übermächtige Nation vor allem aus amerikanischen Sitcoms und B-Filmen (die auf Französisch schrecklich synchronisiert sind), was einem geistigem Verfall gleichkommt.

Sie sehen die Briten als ein nobles und exzentrisches Volk, mit dem es Bande gibt, die mindestens 1000 Jahre zurückreichen. (Wilhelm der Eroberer war verheiratet mit der Tochter des Grafen von Flandern.) Sie halten die Briten für Spielverderber, weil es ihnen an Anerkennung für die Programme der Europäischen Union fehlt, und sie sind verblüfft über den britischen Widerstand gegen die EU und den Brexit. Doch sie erklären sich das selbst so, dass man von einer Nation, in der man auf der falschen Seite fährt, und deren Volkssport Cricket ist, kaum erwarten kann, dass sie sich logisch verhält.

Besondere Beziehungen

Was Belgier, insbesondere die französischsprachigen Belgier, nicht ausstehen können, ist die Frage, ob sie Franzosen seien. Agatha Christies berühmter belgischer Detektiv, Hercule Poirot, bekommt davon regelmäßig fast eine Herzattacke.

Manche glauben, dass sich die Wallonen im Falle einer Trennung Belgiens Frankreich anschließen könnten. Doch da wären die Wallonen lieber bis in alle Ewigkeit zu englischem Hotelessen verdammt. Die Belgier können die Franzosen nicht ausstehen und tun dies mit einer angeborenen Inbrunst, die die meisten Engländer verstehen können. Der Stolz der Franzosen auf ihr Land ist für Belgier das beste Argument gegen Nationalismus. Wie können die Franzosen, ein so intelligentes Volk, so lächerlich hinters Licht geführt werden? Es ist nicht nur so, dass die Franzosen überheblich und herablassend sind, sie sind besonders überheblich und herablassend den Belgiern gegenüber.

» Der Stolz der Franzosen auf ihr Land ist für Belgier das beste Argument gegen Nationalismus.

Was die Belgier wirklich ärgert, ist die Art, wie die Franzosen sich berühmte Belgier einverleiben und es in Ordnung finden, dass die Welt irrtümlicherweise glaubt, dass Jacques Brel, Tony Hallyday, Tim und Struppi, Maigret und andere Belgier Franzosen seien. Allerdings gehört zur bitteren Wahrheit auch, dass viele erfolgreiche Belgier nichts dagegen haben – oder zumindest in der Vergangenheit hatten –, wenn die Welt diesen Fehler machte. Trotz aller ihrer Vorbehalte haben viele Belgier gute französische Freunde (das heißt

Franzosen aus Frankreich), die es irgendwie auf wundersame Weise geschafft haben, die Ausnahme von der Regel ihrer Landsleute zu sein. Sie genießen es, Urlaub in Frankreich zu machen und würden nicht im Traum daran denken, Wein aus einem anderen Land zu trinken.

Ihre Nachbarn im Norden, die Niederländer, mögen die Belgier nicht besonders. Für die Wallonen sind die Niederländer eine recht erfolgreiche, verfeinerte Version der Flamen; sie sind beneidenswert geordnet, klar denkend und weltoffen, während ihnen die verschlossene und leicht unehrenhafte Seite der Flamen fehlt, mit der sich die Wallonen wohler fühlen. Für die Flamen sind die Niederländer recht erfolgreiche europäische Nachbarn, die zufällig eine Sprache sprechen, die der ihren ähnelt. Allerdings sind sie unverzeihlich knauserig und puritanisch und wirklich schlechte Autofahrer. Sie schlängeln sich während der alljährlichen Völkerwanderung in den Sommerferien mit ihren Wohnwagen durch Belgien, ohne auch nur einen Cent auszugeben.

Sonderbarerweise bezeichnen sowohl die Wallonen als auch die Flamen die Niederländer als „die Amerikaner Europas“, weil sie denken, dass sie sich schlecht ernähren, sich auf eine schamlos exzentrische Art und Weise kleiden und kulturell unbeholfen sind, wenn sie ins Ausland verreisen. Diese subtile Beleidigung beweist, dass man in Belgien gern zwei Fliegen mit einer Klappe schlägt: Warum sollte man nur ein Land beleidigen, wenn man auch zwei beleidigen kann?

Wie andere die Belgier sehen

Die Franzosen haben immer einen Schwall vernichtender Beleidigungen und Schmähungen gegenüber den Belgiern entfesselt und diese zur Zielscheibe ihres Spottes gemacht. Hier ist ein vergleichweise zahmes Beispiel:

> Zwei belgische LKW-Fahrer kommen an eine Brücke, die überall eine Höhenbegrenzung angeschlagen hat, die besagt: „Maximale Höhe 4,5 m". Ihr Fahrzeug ist 5 m hoch. Sie stoppen den LKW und einer steigt aus und geht zu Fuß in den Tunnel unter der Brücke. Kurz darauf kommt er wieder heraus, steigt in die Kabine und sagt: "Okay, los geht's! *Il n'y a pas de flics!* (Es sind keine Bullen da!)"

Allerdings scheinen französische Witze über die Belgier aus der Mode zu kommen. Das ist nicht der Fall, weil sie politisch unkorrekt erscheinen (ein Konzept, das in Frankreich nicht sehr häufig diskutiert wird), sondern weil den Franzosen bewusst wird, dass die Belgier ein ganz gutes Leben führen, dass sie so clever waren, alle Vorteile, die es mit sich bringt, Gastgeber für die Europäische Union zu sein, für sich zu nutzen (eine Form des selbstorganisierten sozialen Aufstiegs nach dem Geschmack der Franzosen) und sie einige der besten Restaurants in Europa besitzen. Abtrünnige französische Gourmets haben sich sogar getraut anzudeuten, dass die belgische Küche besser sei als die ihre.

Die niederländische Einstellung gegenüber den Belgiern entspricht im Wesentlichen der der Franzosen. Sie machen Witze über die Belgier, wie fies diese sind (wie du mir, so ich dir) und sie haben ein ganzes Arsenal schrecklicher Witze darüber, wie dumm diese sein können. Hier ist einer der besseren:

> Zwei Flamen verreisen im Auto. Plötzlich meint der Fahrer, dass einer seiner Blinker nicht funktioniert. Er fragt seinen Begleiter, dies nachzuprüfen. Sein Begleiter steigt aus dem Wagen aus und der Fahrer schaltet den Blinker ein: „Und funktioniert er?“, fragt er.
>
> „Nee mijnheer (nein, mein Herr),“ ist die Antwort. „Ja, mijnheer (ja, mein Herr) ... nee mijnheer ... ja mijnheer ... nee mijnheer ... ja mijnheer.“

Wie die Belgier gern gesehen werden würden

Die Belgier wären sehr glücklich, wenn die ganze Welt sie als freundlich, tolerant, individualistisch, selbstsicher, anständig, bescheiden und die Verkörperung der europäischen Ideale wahrnehmen würde. Das ist das Ziel für die Zukunft. In der Zwischenzeit reicht es bereits, wenn die Existenz des Landes auf der Europakarte wahrgenommen wird.

Charakter

Der echte Belgier

Vor vierhundertfünfzig Jahren fing Pieter Bruegel der Ältere, der Bedeutendste dieser großen Malerdynastie, den Geist seiner Landsleute ein, etwa in dem geschäftigen Treiben in ihren Dörfern, beim Eislaufen über den gefrorenen Teich oder beim Feiern einer Bauernhochzeit, mit rosigen Wangen von Wein und Bier, mit Hosen, die wegen des guten Essens aus allen Nähten platzen, oder wie sie bei einem vergnügten Bauerntanz über ihre begehrenswerten Frauen fallen. Die äußeren Umstände mögen sich verändert haben, aber im Wesentlichen ist alles beim Alten geblieben.

Die Belgier wissen das Leben zu genießen, doch Vergnügen ist auch abhängig von guten Geschäften. Mach dich auf, gehe einer ehrlichen Arbeit für einen anständigen Lohn nach, leg etwas zurück für die Zukunft, und gib den Rest für das Vergnügen aus. Das ist im Wesentlichen worauf Belgisch-Sein hinausläuft.

›› Für einen Belgier ist gesunder Menschenverstand wichtiger als ein origineller Gedanke.

Für einen Belgier ist gesunder Menschenverstand wichtiger als ein origineller Gedanke. Gesunder Menschenverstand, harte Arbeit, Humor und Toleranz gegenüber Ausländern – in angemessenem Rahmen – sind die Tugenden, die für sie zählen. Der einzige Bereich, in dem diese Eigenschaften mitunter zur Seite geschoben werden, ist im Umgang miteinander. Wenn

Flamen über Wallonen und Wallonen über Flamen sprechen, gehen alle diese Tugenden und der gesunde Menschenverstand völlig den Bach runter.

Bürgerhimmel

Freude an materiellem Komfort, Würde, wirtschaftliche Unabhängigkeit und ein Gespür für Bürgerpflichten sowie gute Nachbarschaft sind die Ideale eines guten belgischen Bürgers.

Die Belgier halten sich selbst für praktisch, bodenständig und zuverlässig. Eine gute Belgierin weiß, wie man einen Haushalt führt, kennt die richtige Temperatur für Bier, kann perfekte Steaks braten, kauft effizient im Megastore ein und geht einer Arbeit nach. Ihr Mann geht seiner Arbeit nach, trinkt das Bier, isst das Steak und verbringt das Wochenende erfüllt von Stolz, selbst seine Ölwannendichtung auswechseln zu können.

» Die Belgier halten sich selbst für praktisch, bodenständig und zuverlässig.

Viele belgische Familien sind typische Nachkommen von Kaufleuten, Händlern, Kunsthandwerkern und Zunftgenossen, die ihr Land geschaffen haben. Sie strahlen Vernunft, Eigenständigkeit und Ordentlichkeit aus, die vielen Ausländern fast erstickend vorkommen mag. Im Großen und Ganzen verhalten sich die Menschen konform. Wenn jeder eine Familie mit zwei Kindern (einem Jungen und einem Mädchen) sowie einen glänzenden neuen Wagen haben könnte, wäre Belgien ein Paradies.

Belgier wollen zuallererst praktisch und solide sein. Sie stehen gerade und sprechen aus tiefster Kehle. Höfliches Verhalten wird erwartet: Es ist ein natürliches Nebenprodukt der Vernunft. Außerdem ist es praktisch: So kommt man weiter auf der Welt.

Sie gehen auf eine geradezu naive Weise darin auf, gute Bürger zu sein. Jede Art von Vandalismus, Abfallwegwerfen oder absichtlich antisozialem Verhalten wird mit Entsetzen und Abscheu wahrgenommen. Der soziale Druck reicht oft aus, um sicherzustellen, dass in dieser Hinsicht vergleichsweise wenig passiert. Das ist auch gut so, denn wenn Belgier sich Gedanken darüber machen, was mit solchen Übeltätern geschehen soll, beschwören sie Bestrafungen herauf, die eindeutig zeigen, wie stark sie noch mit ihrer mittelalterlichen Vergangenheit verbunden sind.

›› Höfliches Verhalten wird erwartet: Es ist ein natürliches Nebenprodukt der Vernunft.

Enthusiasmus

Unter all der sozialen Konformität lauert eine Nation stark ausgeprägter Individuen – eine Individualität, die sich weniger in unkonventioneller Kleidung oder unkonventionellem Verhalten als vielmehr in einer Begeisterungsfähigkeit ausdrückt, die geradezu totalitäre Züge annehmen kann.

Belgier können voll und ganz in ihrer Arbeit aufgehen, ob sie Tierarzt oder Soldat sind, im Klärwerk arbeiten oder Käse herstellen. Eine Umfrage ergab, dass 70 % der Belgier glücklich mit ihrer Arbeit sind – 10 % mehr als bei den Briten oder Italienern.

„Ich liebe Westafrika", sagte der Parasitologe aus Gent, der erfreut war, wieder im Senegal zu sein. „Für mich ist dies das Paradies. Ich liebe die Menschen, ich liebe die Dörfer. Aber vor allem liebe ich, dass es hier so viele Parasiten gibt!" Häufiger ist die Arbeit jedoch einfach ein Mittel, um die wirklich glühenden Leidenschaften zu finanzieren – Aktivitäten, denen man außerhalb der Bürozeiten nachgeht, bei Sonnenaufgang, bei Sonnenuntergang, am Wochenende oder nachts: Radfahren, Fußball, Gartenarbeit, Hunde, Briefmarken, Computer, Brieftauben usw.

›› Verteilt über das Land findet man winzige Privatmuseen für Schlösser und Schlüssel, Porzellanfiguren, Klöppelspulen, Spielmarken, antike Uhren oder Grabsteine.

Belgier sind begeisterte Sammler. Eine Ecke in der Garage, ein Schrank im Schlafzimmer oder ein ganzes Haus im Vorort kann maßgebliche Sammlungen von Streichholzschachteln, frühen Schreibmaschinen, Zinnsoldaten oder Rührstäbchen enthalten. Verteilt über das Land findet man, geöffnet für Besucher, winzige Privatmuseen für Schlösser und Schlüssel, Porzellanfiguren, Klöppelspulen, Spielmarken, antike Uhren, Grabsteine … Allein Brüssel kann sich damit rühmen, dass es schon Museen für Chicorée, Vogelnester, Aufzüge, Fechtsport und sogar für Unterhosen – die unglaubliche Sammlung eines Anarchoregisseurs – beheimatete.

Eine der Sammlungen war die Folge eines Autounfalls, der bei dem Taxifahrer Alfred David zu einer seltsamen Gangart führte. Kommentare, dass er sich „wie ein Pinguin bewege", brachten ihn dazu, sein Heim in ein Museum für Pinguinkrimskrams umzuwandeln – von Spielzeug und Figuren bis hin zu Bierdeckeln und Keksverpackungen, einschließlich eines Pinguinanzugs, in dem „*Alfred le Pingouin*" beerdigt werden wollte. Sein Haus war so vollgestopft, dass seine Frau ihm anscheinend ein Ultimatum stellte: Entweder der ganze Krempel verschwindet oder sie. Der Krempel verschwand und Alfred mit ihm.

Bizarre Kollektionen stören die Belgier nicht: Sie lieben Enthusiasmus – so lange dieser sich in den Grenzen des Anstands bewegt, natürlich. Und wenn sie nicht ihre eigene Entsprechung eines Pinguinmuseums in einem Schuhkarton unter dem Bett versteckt haben, dann wünschen sie sich, dass es so wäre.

Überzeugungen & Werte

Klassenhierarchien

Die Belgier haben ein einfaches Klassensystem: Alle gehören zur Mittelklasse. Belgien ist ein Denkmal für die Werte der Mittelklasse, denen gegenüber die Belgier die größte Achtung haben.

Es gibt Reiche und Arme, gute Familien und weniger gute Familien, aber das demokratische Bildungssystem und die einfachen sozialen Aufstiegsmöglichkeiten führen dazu, dass Klassenhierarchien kein großes Thema sind. Es ist allerdings eine große Sünde (ausgesprochen mit einem Schauern in der Stimme) *vulgaire* zu sein. Das bedeutet nicht, aus einer niedrigen Klasse zu kommen, sondern eher ungehobelt zu sein oder mangelnde gesellschaftliche Umgangsformen zu haben.

Belgien hat eine Handvoll alter Adelsfamilien, die große Güter und einigermaßen prächtige *châteaus* besitzen. Diesen wird noch immer beachtlicher Respekt entgegengebracht – vorausgesetzt sie verhalten sich angemessen.

Das Traumhaus

Bei den Engländern heißt es: „*My home is my castle*". Das Heim des Belgiers ist ein befestigtes Herrenhaus. Im Umkreis aller größeren Städte werden unbebaute Grünflächen von kleinen Residenzen mit Giebeln und Türmen verdrängt, komplett mit freigelegten Balken, offenen Kaminen, Jagdtrophäen (manche hergestellt aus Plastik), der einen oder anderen Waffe, Buntglasfenstern, um dem Interieur eine angemessene Schwere und Bedeutung zu verleihen, sowie Fliesenböden, um Bilder des Goldenen Zeitalters in den Niederlanden ähnlich einem Vermeer-Gemälde heraufzubeschwören.

Die Fliesen sind außerdem äußerst praktisch, sehr einfach zu reinigen, zu fegen, zu scheuern und zu polieren. Belgiern ist Schmutz ein Gräuel und ihre Wohnungen halten sie fürchterlich sauber. Es kommt vor, dass Teppiche über die Fliesen gelegt werden, um Komfort vorzutäuschen, auch wenn regelmäßig Gäste auf dem polierten Boden ins Rutschen kommen und sich verletzen. Doch Teppichböden im ganzen Zimmer werden mit Abscheu als grässliche Staubfallen angesehen, in denen sich Hautschuppen, Milben und Essensreste tagelang verstecken können, ohne entdeckt zu werden.

» Belgiern ist Schmutz ein Gräuel und ihre Wohnungen halten sie fürchterlich sauber.

Ein regelmäßiger Hausputz ist selbstverständlich, um auch die feinste Staubschicht von den Porzellanhunden, -clowns und -ballerinas zu entfernen, die jedes anständige zur Straße gerichtete Fenster von der Gardine dahinter trennen. Es gibt sie immer noch: die Tradition des „*faire son samedi*", bei der manche Hausfrauen den Samstag für eine wöchentliche Form des Frühlingsputzes nutzen. Dazu gehört sogar das Schrubben der Steinplatten auf dem öffentlichen Gehweg vor der Haustür.

Das Ergebnis ist, dass viele Belgier letztendlich in einem hochherrschaftlichen Musterhaus wohnen, in dem das absolut übervoll möblierte Wohnzimmer – poliert, abgestaubt und mit dem abgestandenen Geruch einer Kirchensakristei – unbenutzt gelassen und der Ehemann mit seiner Flasche Bier in einen Kellerraum verbannt wird. Die Küchen sind makellos: Manche sind so makellos, dass die Eigentümer es vorziehen zum Essen auszugehen, um sie nicht zu verunreinigen.

Am besten ist es, wenn das befestigte Herrenhaus oder die Stadtwohnung (die im gleichen Stil gestaltet und eingerichtet werden kann) brandneu, doppelverglast und vollständig mit Zentralheizung ausgestattet sind, wodurch man fast die Temperatur eines Treibhauses erreicht. Dadurch kann man mehr Zimmerpflanzen züchten, die verhindern, dass Licht ins Zimmer scheint. Besonders beliebt ist die *Sansevieria,* auch bekannt als Bogenhanf oder Schwiegermutterzunge, deren zähe, scharfkantige Blätter keinen Staub ansammeln, wenig Pflege benötigen und Einbrecher abschrecken.

» Ein solide gebautes Haus mit einer Doppelgarage auf einem eigenen Grundstück ist der Traum.

Ein solide gebautes Haus mit einer Doppelgarage auf einem eigenen Grundstück ist der Traum. Ein Stück des Gartens mag für intensive Gartenbaukunst reserviert werden, der Rest jedoch wird eine große Rasenfläche sein, die nur von ein paar armseligen Koniferen unterbrochen wird. Wenn alles funkelnagelneu aussieht, umso besser: Ein mit den Jahren gereifter Garten ist kein besonders geschätztes Ideal. Der Garten ist höchstwahrscheinlich vor allem die Domäne des Haustiers der Familie, eines lautstarken und manchmal bösartigen Mischlings, der sich mit plötzlicher und erschreckender Gewalt an den Gartenzaun werfen wird, sobald ein Fußgänger auftaucht. Es ist nicht ganz klar, ob der Zaun dafür da ist, Fremde draußen oder den Hund drinnen zu halten, aber es hilft, den Eindruck des unantastbaren Territoriums eines *seigneur* zu vermitteln.

Um dies zu erreichen, braucht ein Belgier seine tiefen Wurzeln als Kunsthandwerker und Unternehmer nicht zu verleugnen. Es ist sogar recht wahrscheinlich, dass der Eigentümer das gesamte Ensemble – vom Mixen der Schubkarrenladungen voll Zement bis zum Anbringen der Dachziegel an den Turmdächern – mit seinen eigenen Händen errichtet hat. Es heißt, die Belgier hätten *„un brique dans le ventre“* (einen Backstein im Magen), was eher als Hinweis auf ihre instinktive Affinität zum Hausbesitz und Hausbau als auf ihre Verdauungsfähigkeiten zu verstehen ist.

›› Es heißt, die Belgier hätten einen Backstein im Magen.

Sie sind unverbesserliche *bricoleurs* (begeisterte Heimwerker). Die riesigen und erfolgreichen Baumärkte, die am Rande jeder Stadt wie Pilze aus dem Boden schießen, verkaufen nicht nur Gardinenhaken, Tapeten und Farben, sondern auch Materialien für ernsthafte Bauvorhaben. Tagaus, tagein laufen Ehemänner in Holzfällerhemden mit aufgerollten Ärmeln in einem Zustand vollständiger Glückseligkeit durch die Gänge und vergleichen die Vor- und Nachteile dieses oder jenes Zements oder Dachrinnenverbindungsstücks.

Ein beeindruckender Mangel an Angeberei

Belgier können Großtuerei nicht ausstehen. *Bon chic – bon genre* (kurz: *BC-BG* – „beh seh-beh scheh"), das heißt, schick und schrecklich vornehm zu sein, ist tatsächlich eine Beleidigung. Was den Konsum betrifft, können sie sehr versnobt sein, wenn es darum geht, im richtigen Restaurant zu essen und im richtigen Laden einzukaufen. Dennoch stößt Snobismus bei anderen auf beißende Kritik. Seine Mitmenschen auf Normalmaß zurechtzustutzen ist etwas, das jeder durchschnittliche Belgier mit chirurgischer Präzision beherrscht.

» Seine Mitmenschen auf Normalmaß zurechtzustutzen ist etwas, das jeder Belgier mit chirurgischer Präzision beherrscht.

Ein klassischer Belgier ist der Radrennfahrer Eddy Merckx, fünffacher Gewinner der Tour de France und des Giro d'Italia. Heute führt er ein erfolgreiches Fahrradunternehmen, jedoch ohne Anzeichen von Überheblichkeit (Überheblichkeit ist eine schlimme Sünde in den Augen der Belgier). Alle Belgier können eine Eddy-Merckx-Geschichte erzählen, normalerweise über eine Tiefstapelei seinerseits. Auf die Frage wie er nach einem Unfall, bei dem er einen doppelten Kieferbruch erlitten hatte, wieder aufs Rad steigen und sein Rennen fortsetzen konnte, antwortete er: „Naja, die Bedingungen waren nicht ideal, aber ..."

Große Villen umgeben von schattigen Parks, schnittige Autos, Einkäufe bei internationalen Modedesignern, häufige Reisen an exotische Orten, alljährlicher Wintersport – solche Dinge sind Zeichen von Wohlstand, die bei Belgiern begehrt sind und hemmungslos von den Werbeagenturen und Hochglanzmagazinen des Landes ausgenutzt werden. Tatsächlich haben nur wenige Menschen an einem solchen Leben Anteil und wenn es darauf ankommt, würden es nur wenige wollen. Das ist zu versnobt und zu weit entfernt vom wirklichen Leben: Wo bleiben denn da die vergnüglichen Familienfeiern? Wo sind die Pommes frites und die Mayonnaise?

Erfolg wird in bescheideneren Maßen gemessen: Am besten ist es, ein gutes Gehalt zu verdienen und Geld in verschiedenen Rentenplänen und auf nummerierten Luxemburger Anlagekonten zur Seite zu legen, um früh in Rente gehen zu können, um anschließend lange und komfortabel zu leben, seinen Hobbys nachzugehen, Gemüse zu züchten und mit Freunden, die dasselbe Leben führen, viele ausgedehnte Mittagsmenüs in guten Restaurants zu genießen.

Religion

Fünfundsiebzig Prozent der Belgier sind römisch-katholisch. Das hat zum Beispiel zur Folge, dass jede Gemeinde ihre eigene Kirche hat. Hier werden die Einheimischen getauft (und es werden Zuckermandeln in Porzellanschwänen und -engeln serviert), gefirmt (und sie sehen aus wie Engel, zu jung, um sich dagegen zu wehren), verheiratet (die Gelegenheit für ein riesiges Fest) und offiziell in die Nachwelt entlassen (woran die ganze Gemeinde, Freunde, Feinde und vollkommen Fremde teilnehmen).

Außer zu diesen Übergangsriten wird der Durchschnittsbelgier die Kirche nicht übermäßig strapazieren. Die Menschen benutzen Verhütungsmittel, lassen sich scheiden und unverheiratete Paare leben zusammen. Priester halten sich bedeckt, trinken, rauchen und spielen Karten mit ihren Gemeindemitgliedern. Sie sind nicht die allgegenwärtigen Mahner der stets präsenten Bedrohung durch die Sünde, wie etwa in Irland. Die Belgier haben irgendwann im letzten Weltkrieg damit angefangen, Gott aus ihrem sozialen Leben auszuschließen, finden jedoch, es wäre Verschwendung all die schönen Gebäude verkommen zu lassen. Trotzdem haben die meisten Haushalte noch ein paar Kruzifixe an der Wand hängen, zum Beispiel im Gästezimmer – man weiß ja nie.

›› Die meisten Haushalte haben noch ein paar Kruzifixe an der Wand hängen, zum Beispiel im Gästezimmer – man weiß ja nie.

Trotz des andauernden Glockengeläuts in Dörfern und Städten kommen nicht alle Glockentöne aus kirchlichen Quellen: weltliche Glockentürme – Symbole bürgerlichen Stolzes – lassen das Glockenspiel mechanisch oder mittels einer Klaviatur hoch in den Türmen erklingen. Deshalb ist der Glockenspieler in Brügge der „höchst“ bezahlte Angestellte der Stadt.

Ausländer

Das Wort „Ausländer“ hat in Belgien eine spezifische Bedeutung. Es bezeichnet die „Immigranten“, nicht die tausenden europäischen, japanischen und amerikanischen Geschäftsleute und Regierungsvertreter, die in Belgien leben und arbeiten, sondern die Nordafrikaner (*Maghrébins,* vom Maghreb) und die Türken. Hier kommt die freundliche Toleranz gegenüber Außenstehenden öfter mal ins Stolpern.

Die Immigranten kamen als Gastarbeiter, um die Drecksarbeit zu machen, die die Europäer verachteten. Inzwischen sind sie eine große und gut etablierte Gemeinschaft in vielen Städten. In einigen Innenstadtvierteln von Brüssel stammen 50 % der Bevölkerung von Immigranten ab. Die meisten Belgier haben wenig soziale Kontakte zu diesen Immigranten, außer wenn sie für ein günstiges Couscous in ein nordafrikanisches Restaurant gehen. Die meisten Immigranten trinken keinen Alkohol, weshalb für sie 80 % des gesellschaftlichen Lebens in Belgien wegfallen.

» Die meisten Immigranten trinken keinen Alkohol, weshalb für sie 80 % des gesellschaftlichen Lebens in Belgien wegfallen.

Wenn alles gut läuft, ignorieren die Belgier die Immigranten, doch wenn es nicht gut geht, dann betrachten die Belgier sie als ein „Problem". Sie beschuldigen sie, den Staat abzuzocken, unehrlich zu sein, Verbrechen zu begehen, zu betteln sowie – und das ist am schlimmsten – sich nicht die urbelgische dankbare Grundhaltung zu eigen gemacht zu haben.

Bénvnowe

Verhalten

Die Herren im Haus

Belgische Männer denken gern, dass sie der Herr im Haus sind, dass es entsprechend ihrer Regeln geführt wird, mit ihrem Geld, in ihrem Tempo. Ihre Wünsche stehen an erster Stelle. Belgische Frauen finden, dass das Eheleben gerade ausreichend lohnend ist, um zu rechtfertigen, dass sie ihren Männern diese Fantasie lassen und nur selten darauf aufmerksam machen, dass sie es eigentlich sind, die meist kochen, einkaufen, das Geld verwalten, soziale Kontakte organisieren und die Kinder erziehen, vom Denken ganz zu schweigen. Dieses äußerst effiziente Matriarchat ist geschickt getarnt als Patriarchat.

Später im Leben wird diese Vorherrschaft nicht länger versteckt. Die belgische Matriarchin herrscht uneingeschränkt.

›› Später im Leben herrscht die belgische Matriarchin uneingeschränkt.

Statt Helm und Visier trägt sie eine wöchentlich aufgefrischte Dauerwelle aus steifen, hellbraun getönten Locken und eine große Brille mit Plastikgestell, statt eines Kettenhemds einen Regenmantel aus Gabardine, dessen Gürtel fest um die zunehmende Taille geschnürt ist, und statt eines Dreizacks eine Handtasche voller Rabattmarken der örtlichen Supermarktketten. Sie rauscht würdevoll durch das Wohnviertel in Gesellschaft anderer Matriarchinnen auf dem Weg zum Einkauf oder Mittagessen oder zu einer Busfahrt nach Paris und Santiago de Compostela. Ihr Ehemann, inzwischen gut trainiert und wenig ambitioniert, bleibt zu Hause, um den Hund zu füttern, die Hecke zu schneiden, Nachrichten entgegenzunehmen und bei ein paar Bierchen in Erinnerungen zu schwelgen, mit Kumpels aus seiner Jugend, die wie er zurückgelassen wurden und rührend dankbar dafür sind.

Die Familie

Familien halten eng zusammen in Belgien. Viele Wochenenden bestehen aus Besuchen bei anderen Familienmitgliedern, wenn auch nur für einen rituellen Kuss auf die Wange und ein bisschen Tratsch bevor es zum Einkaufen geht. Statt alles zu tun, um ihnen aus dem Weg zu gehen, suchen größere Kinder oft freiwillig die Gesellschaft von Tanten, Onkeln und Großeltern. Als Dank für die Unterhaltung können sie davon ausgehen, dass sie auch gleich noch etwas zugesteckt bekommen. Mit der Familie zu essen ist ein beliebter Zeitvertreib.

›› Familien halten eng zusammen. Die meisten Belgier leben in der Nähe ihrer Familie.

Die meisten Belgier leben in der Nähe ihrer Familie. Es ist natürlich auch schwierig in einem Land, in dem große Städte wie Brüssel und Antwerpen nur 35 Minuten über die Autobahn voneinander entfernt liegen, weit weg zu wohnen. In früheren Zeiten hatten alle Familien eine Oma unterm Dach wohnen. Doch der moderne belgische Haushalt besteht nur aus einer Kernfamilie, allerdings wohnt Oma oft um die Ecke, praktischerweise in Reichweite, um die Kinder zu betreuen, wenn sie von der Schule nach Hause kommen, und an die Ehefrauen weiterzugeben, wie man einen Mann ordnungsgemäß versorgt.

Besonders Hochzeiten bieten einen Anlass für riesige Familientreffen. Belgier sind sehr stolz darauf, sich selbst zu beweisen, wie weit ihre Beziehungen reichen. Nach den Formalitäten nehmen die Gäste ihre Plätze ein, um reichlich zu essen und zu trinken. Oft wird der Abend mit einem Tanz abgeschlossen. Die Idee, dass Kinder nicht zu einer Hochzeit eingeladen sein könnten, weil sie die Abläufe stören, stößt hier auf völliges Unverständnis: Auf Hochzeiten feiert man schließlich das Familienleben und konsequenterweise auch die dazugehörigen Kinder, oder nicht? Wie könnte man sie da also ausschließen?

» Besonders Hochzeiten bieten einen Anlass für riesige Familientreffen.

Bis vor Kurzem hätte man sagen können, dass die ideale belgische Familie aus einem flämischen und einem wallonischen Ehepartner besteht, um die Kinder zweisprachig zu erziehen. Und in Belgien gibt es viele solcher Familien. Leider wird deren Status jedoch durch die politische Polarisierung der beiden Gemeinschaften untergraben. Es ist nicht mehr länger eine Tugend, jemanden von „der anderen Seite“ zu heiraten und die Integration ist für die Person, die aus ihrer eigenen Gemeinschaft weggezogen ist, schwieriger geworden. Dies hat zu einem Gefühl von Verunsicherung geführt. So wie es einem Milchbauern gehen würde, der sich plötzlich einer Welt voll militanter Veganer gegenüber sieht.

Kinder

Belgische Familien waren früher sehr groß. Dies wurde offiziell gutgeheißen und tatsächlich besteht noch immer die Tradition, dass jeder siebte Sohn automatisch das Patenkind des Königs wird und auf den Namen des Königs getauft wird. Zum Begräbnis König Baudouins 1993 wurde eine Kirche für diese speziellen königlichen Patenkinder reserviert, in der der Gottesdienst aus dem Brüsseler Dom auf einer Leinwand für sie übertragen wurde. Es waren etwas mehr als 300 siebte Söhne namens Baudouin / Baudewijn anwesend, mitsamt ihren Partnerinnen. Genauso wird jede siebte Tochter Patenkind der Königin, doch kommt dies allem Anschein nach sehr viel seltener vor.

» Es gibt noch immer die Tradition, dass jeder siebte Sohn automatisch das Patenkind des Königs wird.

Die Mehrheit der belgischen Kinder ist ausgeglichen, vernünftig, kreativ und höflich und die jüngeren, mit ihrem frischen Aussehen, natürlich und wohlgeraten, sind oft echte Vorzeigekinder. Tatsächlich benehmen sich belgische Kinder in Allgemeinen so ordentlich, dass Eltern aus anderen Ländern dazu neigen zu denken, es sei etwas nicht in Ordnung mit ihnen. Sogar Jugendliche werden auf eine recht gewinnende, altmodische Art und Weise übellaunig.

Wenn ein Jugendlicher sich daneben benimmt, also seine Kopfhörer in der U-Bahn zu laut eingestellt hat oder Müll auf den Boden wirft, dann kann es ihm oder ihr passieren, dass eine Person in der unmittelbaren Umgebung, wahrscheinlich ein wichtigtuerischer stockschwingender Rentner, ihn oder sie beschimpft. Kinder, die vor Gericht des Vandalismus schuldig befunden werden, werden mit der ultimativen Strafe konfrontiert: Ihre Eltern müssen die Strafe bezahlen. Na warte, bis sie nach Hause kommen ...

Ältere Mitbürger

Da fast jeder fünfte Mitbürger über 65 Jahre alt ist, befindet sich Belgien weltweit in der Superklasse der alternden Bevölkerungen. Die Senioren können sich glücklich schätzen, denn im Großen und Ganzen werden sie gut behandelt. Von Geburt an wird Belgiern beigebracht, Senioren zu respektieren, ihnen zu gehorchen und letztendlich für sie zu sorgen. Sogar ein über alle Maßen launischer, aufdringlicher und Uneinigkeit stiftender Großelternteil wird toleriert und bei Laune gehalten, wenn auch zähneknirschend. Die Senioren sind recht einfallsreich in ihren Strategien, wie man an das Alter herangeht: Als Gegenleistung für die ihnen entgegengebrachte Wertschätzung neigen sie dazu, unterstützend und tolerant gegenüber den Fehlern ihrer Kinder zu sein und sie versuchen ihr Bestes, um eine angenehme Gesellschaft zu sein. Alles läuft auf den belgischen Sinn fürs Praktische hinaus: Wir werden alle alt.

›› Die Senioren können sich glücklich schätzen, denn im Großen und Ganzen werden sie gut behandelt.

Aber man kann auch zu viel des Guten haben. Wenn ältere Menschen nicht mehr für sich selbst sorgen können, dann ziehen sie eher in Altenheime und betreutes Wohnen um, als zu ihren Familien. Im Allgemeinen werden solche Heime mitfühlend geführt und ermöglichen so viel Unabhängigkeit und Familienbesuche, wie ein Bewohner wünscht oder verkraften kann.

Sex

Die Belgier haben ein praktisches, aber kein prüdes Verhältnis zu Sex. „*On garde un homme par son ventre et son basventre*" ist ein charakteristisches Stück belgischer Weisheit („Man behält einen Mann, indem man für seinen Magen und was darunter liegt, sorgt"). Georges Simenon behauptete, mit 10.000 Frauen geschlafen zu haben, also lief da wirklich etwas schief in seinem Haus. Seine Frau – vielleicht zur Verteidigung ihrer Kochkünste – bestritt diese Zahl: Sie hat die Anzahl der Frauen auf 1200 angesetzt.

Fahrkünste

Vorbei ist die Zeit, als der beste Rat beim Anblick der rotweißen Autokennzeichen war, an den Straßenrand zu fahren und tief durchzuatmen. Dieser etwas veraltete Ruf entstand dadurch, dass viele der älteren Fahrer im Zweiten Weltkrieg fahren lernten, als jemand auf einen LKW wies und ihnen den Schlüssel zuwarf. Als schließlich der Führerschein eingeführt wurde, konnte man nicht erwarten, dass sich erfahrene Verkehrsteilnehmer der Demütigung einer Prüfung unterziehen würden.

Jahrelang bestand diese Prüfung nur aus einem Multiple-Choice-Test zu den Verkehrsregeln. Tatsächlich ein echtes Auto fahren musste man dafür nicht.

Anders als die Italiener oder die Franzosen betrachten die Belgier das Autofahren nicht als eine Erweiterung ihres Sexlebens. Allerdings sind sie stolz auf die Geschwindigkeit ihrer Reflexe: Nur dies kann die Erklärung dafür sein, dass man mit fast 150 km/h über die Autobahn rast und dabei nur einen Abstand von 2 m einhält. Das Konzept des Bremswegs ist nicht sehr weit verbreitet. In wenigen Generationen wird diese Fähigkeit fest in den belgischen Genen verankert sein, da diejenigen mit zu langsamen Reflexen nicht lange genug überleben, um sich fortzupflanzen.

» Belgische Autos sind Liebesobjekte, ein Statement der eigenen Stellung in der Welt und im Großen und Ganzen technisch auf dem Höchststand.

Belgische Autos sind Liebesobjekte, ein Statement der eigenen Stellung in der Welt und im Großen und Ganzen technisch so ziemlich auf dem Höchststand. Alle Autos müssen in regelmäßigen Abständen eine etwas willkürliche TÜV-Prüfung durchstehen. Anders als das besonders korrumpierbare britische MOT-System, bei dem die Tests durch private Autowerkstätten durchgeführt werden, werden die Tests in Belgien von staatlichen Einrichtungen durchgeführt und diese lassen absolut nichts durchgehen. Wenn die Lampen nicht funktionieren, oder der Auspuff eine unakzeptabel hohe Verschmutzung ausstößt, muss man zurück zur Autowerkstatt, bis man durch die Musterung kommt.

Trotzdem haben sich die Belgier noch nicht ganz von der Idee verabschiedet, dass Autofahren eine Form Russischen Roulettes ist, eine Möglichkeit, dem Tod ins Auge zu sehen. Sie rasen über den Brüsseler Ring, als ob sie die Lücke füllen wollten, die der Rückzug des legendären belgischen Fahrers Jacky Ickx aus der Formel 1 hinterlassen hat. Das gilt auch für LKW-Fahrer.

Außerdem halten sie verbissen am *priorité à droite* (Rechts-vor-Links, in Belgien *priorité de droite* genannt) fest, als ob das ein unverrückbares Menschenrecht sei. Diese uralte Tradition stammt noch aus der Zeit der Pferde und Kutschen, als es unbequem war, die Pferde zum Stoppen zu Bringen, wenn man auf eine Hauptstraße zufuhr – oder wenn man das getan hatte, diese wieder zum Laufen zu bringen.

›› Die Belgier halten verbissen an der Rechts-vor-Links-Regelung fest.

Heutzutage sind mehr und mehr Straßen mit Vorfahrt-achten-Schildern ausgestattet, aber auf einer unmarkierten Straße hat man absolut das Recht, auf eine Kreuzung zu fahren ohne auch nur einen Blick nach links zu werfen. Folgerichtig ist es schlau, sich auf Landstraßen nicht zu sehr zu entspannen, in der Stadt wäre es geradezu verhängnisvoll.

Belgier würden sagen, dass Rechts-vor-links verrückt, lächerlich und tödlich ist. Aber sie bestehen doch darauf? Sicherlich, es ist schließlich ihr gutes Recht. Es wäre gleichbedeutend mit Feigheit, es nicht zu tun. Was sonst könnte diesen angenehmen Schauer der Erregung zustande bringen in einer ansonsten so banalen Welt?

Umgangsformen

Begrüßung

In Belgien ist es bei jedem Treffen wichtig, die Leute ausführlich mit einem oder drei Küssen für Verwandte und Freunde (auch bei recht neuen und lockeren Freundschaften) oder mit einem Handschlag bei entfernten Freunden und flüchtigen Bekanntschaften, sowie einem Hallo für den Besitzer eines Ladengeschäftes, den Tankwart, die Bedienung etc. zu grüßen. Tut man dies nicht, dann mag das zu der Schlussfolgerung führen, man sei unverzeihlich unhöflich oder führe etwas im Schilde. Da in belgischen Dörfern jeder jeden kennt (und auch alles über jeden weiß) vollführt ein Belgier auf dem Weg durch seinen Ort eine Art höfischen Schreittanz aus Küssen, Handschlägen und Winken.

> **›› Ein Belgier vollführt auf dem Weg durch seinen Ort eine Art höfischen Schreittanz aus Küssen, Handschlägen und Winken.**

Jungen werden von Frauen und Männern geküsst bis zur Pubertät, doch enge männliche Verwandte und dicke Freunde werden sich auch bis zum Tod gegenseitig dicke Küsse auf graue Wangen drücken. „Bitte“, „Danke“ und „Auf Wiedersehen“ mit dem entsprechenden Nachdruck zu sagen ist ein Verhalten, das von Kindheit an eingeschärft wird. Widerwillige Kinder werden strampelnd und schreiend über den Boden zu älteren Verwandten gezerrt, um die unerlässlichen Dankesküsse zu geben.

Geschenke

Belgier sind überaus großzügig, wenn es um Geschenke geht. Ob sie übernachten oder zum Essen kommen – immer sind sie dazu verpflichtet, Schokolade (belgische Schokolade bester Qualität), Wein, Blumen und ein Geschenk für die Kinder mitzubringen. Geburtstage werden nie vergessen und Weihnachten ist eine Zeit spektakulärer Großzügigkeit, bei der niemand übergangen wird.

Blumen werden beim geringsten Anlass verschenkt. Floristen sind gutangesehene Mitglieder der Gesellschaft und in jedem Ort gibt es mehrere, die eine erstaunliche Vielfalt an frischen Blumen verkaufen.

» Die Freude am Geben ist echt und vorbei ist vorbei. Es wird nicht im Geheimen aufgerechnet, wer was gegeben hat.

Wenn man diese Geschenke nicht im gleichen Wert erwidert – und es kann zum Ruin führen, wenn man dies tut – dann sind die Belgier nicht im geringsten beleidigt. Die Freude am Geben ist echt und vorbei ist vorbei. Es wird nicht im Geheimen aufgerechnet, wer was gegeben hat. Doch ein andauerndes Versäumnis, guten Willen zu zeigen, wird letztendlich zur Kenntnis genommen und gegen einen verwendet. Die Niederländer sind anscheinend gemeinschaftlich als Volk in dieses Fettnäpfchen getreten. Einer der größten Kritikpunkte der Belgier an den Niederländern ist, dass diese keine Geschenke machen.

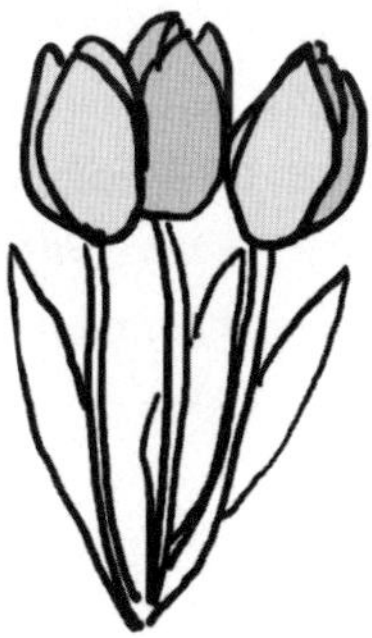

Schlange stehen und tratschen

In Geschäften und bei zufälligen Begegnungen auf der Straße wird Klatsch mit Schnellfeuergeschwindigkeit ausgetauscht – wer im Krankenhaus ist und weswegen; was für ein schönes Begräbnis das war; wessen Ehemann wieder einmal unerklärlicherweise in Namur aufgehalten wurde. Es ist unglaublich, wie viele Neuigkeiten ausgetauscht werden können, während der *charcutier* Schinken aus den Ardennen schneidet oder ein *boulangère* ein *baguette* einpackt.

Alle müssen warten, bis sie an die Reihe kommen und es gehört sich einfach nicht, sich vorzudrängeln. Zwei Kunden in einer Schlange können einen unter Zeitdruck stehenden Ladeninhaber zur Verzweiflung bringen, weil sie abwechselnd zurückweichen und endlos gestikulieren, dass der andere zuerst dran sei. Höflichkeit und Rücksicht werden in Belgien groß geschrieben, sodass ein seltener Ausbruch von rüdem Verhalten wie eine ungeheuerliche Kränkung erscheint und das Opfer geradezu atemlos zurücklässt. Außer natürlich man ist ein Wallone in Flandern oder ein Flame in der Wallonie: In diesem Fall wartet man nur darauf, dass die schlimmsten Vorurteile bestätigt werden und man würde enttäuscht sein, wenn dies nicht der Fall wäre.

» Höflichkeit und Rücksicht werden in Belgien groß geschrieben, sodass ein seltener Ausbruch von rüdem Verhalten wie eine ungeheuerliche Kränkung erscheint.

Essen & Trinken

Leben, um zu essen

Wenn es etwas gibt, das alle Belgier gemeinsam haben, dann ist es ihre Lust am Essen. Die belgische Küche ist inzwischen als eine der besten in Europa anerkannt und viele ihrer Restaurants haben alle möglichen anerkannten internationalen Auszeichnungen und Preise erhalten.

Die Küche ist im Wesentlichen französisch und obwohl viele der Spitzenrestaurants in Flandern liegen, akzeptieren sogar die Flamen, dass die Sprache der *haute cuisine* Französisch ist. Während die französische Küche in Frankreich in den letzten beiden Jahrzehnten Opfer von Überladung, übertriebenen visuellen Effekten und pseudowissenschaftlichen Diätdogmen geworden ist, blieben die belgischen Köche mit den Füßen auf dem Boden. Die Belgier würden es auch gar nicht anders wollen: Sie lieben es, wenn erstklassige Zutaten mit Respekt für ihre natürlichen Qualitäten auf hohem Niveau zubereitet werden. Die Belgier behandeln überkandidelte Küche mit derselben Verachtung wie überteuerte: Sie stimmen mit den Füßen ab. Restaurants, die die Erwartungen nicht erfüllen, gehen einfach pleite. Die Konkurrenz ist so groß (allein in Brüssel gibt es über 3000 Restaurants), dass diejenigen, die den Kunden nicht bieten, was sie wollen, schlicht nicht überleben können.

» Wenn es etwas gibt, das alle Belgier gemeinsam haben, dann ist es ihre Lust am Essen.

Gutes, ehrliches Essen, das gekonnt zubereitet wird, ist es, was die Belgier lieben – Standards, die genauso für den *charcutier* oder den *pâtissier* gelten wie für den Besitzer einer bescheidenen Frittenbude oder eines Toprestaurants. Und sie mögen es gern reichlich. Es gibt eine alte Geschichte über Victor Hugo in einem Brüsseler Restaurant: „Ich sehe an der Menge Brot, die Sie essen, dass Sie Franzose sein müssen", sagte ein neugieriger Tischgenosse. „Und ich, mein Herr, sehe an der Menge, die Sie essen, dass Sie Belgier sind," gab Hugo zurück.

Die Belgier lieben es tatsächlich, große Mengen zu essen, und sie nehmen sich Zeit dafür. Kinder begleiten ihre Eltern regelmäßig in Restaurants und man hilft ihnen, die etwa zwei Stunden, die ein Mittagessen braucht, zu überstehen, indem man sie von der Menükarte wählen lässt, was sie wollen (Belgier werden bereits in zartem Alter Feinschmecker), und indem man Spielsachen, Zeitschriften und Malbücher mitbringt, um die Kleinen zu beschäftigen.

» Die Belgier lieben es tatsächlich, große Mengen zu essen, und sie nehmen sich Zeit dafür.

Das Mittagessen geht nicht selten über in einen späten Nachmittagskaffee, bei dem daheim üppige Torten aufgetischt und in die letzten freien Zipfel des Verdauungstraktes gestopft werden. Torten sind die glorreiche Krönung der Konditoreikunst, exquisit hergestellter Teig, gefüllt mit Creme, Sahne, frischen Früchten und Fruchtgelee oder Schokolade. Jede Gemeinde hat ihren *pâtissier.* Tatsächlich kann es als der endgültige soziale Abstieg angesehen werden, wenn dies nicht der Fall ist.

Auch Büroangestellte essen gut. Viele Restaurants sich darauf spezialisiert, ohne Unterbrechung eine begrenzte Auswahl an exzellenten und preisgünstigen Mittagsmahlzeiten anzubieten. Dem Essen muss immer gebührende Aufmerksamkeit geschenkt werden. Belgier sehen kein Problem darin, zwei Stunden im Auto zu sitzen, um an der Küste Meeresfrüchte zu essen, oder um in einem Restaurant *paling in 't groen* zu bestellen (Aal in grüner Soße, letztere aus Spinat gemischt mit Kräutern wie Sauerampfer, Brunnenkresse, Kerbel, Minze, Petersilie, Zitronenthymian und Salbei).

›› Belgier sehen kein Problem darin, zwei Stunden im Auto zu sitzen, um an der Küste Meeresfrüchte zu essen.

All dieses Interesse am Essen hat allerdings eine Kehrseite. Weil Belgier Großes von ihrem Essen erwarten und ihre Standards sehr hoch sind, können auch die Enttäuschungen sehr groß sein. Jedes beliebte Restaurant hat mindestens einen verdrießlichen Tisch, an dem etwas ältere Tischgenossen schweigend und ohne Freude essen, während sie kritische Bemerkungen machen, dass die Soundso-Soße besser war als Soundso noch Küchenchef war, als die Welt noch ein besserer Ort war, bevor es mit ihrer Gesundheit durch all das Essen, das Trinken und die viele Schokolade bergab ging.

Schokoladenpralinen

Die Belgier sind in der ganzen Welt berühmt für ihre Schokoladenpralinen. Ausländische Chocolatiers kaufen oft ihre

Rohmaterialien in Belgien. Bitterschokolade wird aus den besten Kakaobohnen hergestellt und enthält einen hohen Prozentsatz an Kakaobutter und Kakaomasse (mindestens 52 % und teilweise 85 %); weiße Schokolade, die hauptsächlich aus Milch und Kakaobutter hergestellt wird, ist eine belgische Spezialität. Es scheint, als beherrschten nur die Belgier die Technik, Pralinen mit einer frischen Cremefüllung im industriellen Maßstab herzustellen.

Sie verkaufen sie auch in industriellem Maßstab. Pralinen sind relativ günstig, weshalb Belgier genauso leicht ein Kilo Leonidas-Pralinen wie einen Blumenstrauß kaufen. In den Spezialgeschäften herrscht reges Treiben: Angestellte mit weißen Handschuhen füllen Schachteln mit einer Auswahl der Lieblingspralinen der Kunden aus den Auslagen unter den Glastresen oder sie teilen in Eile vorgepackte Schachteln an die Kunden aus. Eine hohe Nachfrage führt zu einem hohen Umsatz und niedrigen Preisen: die perfekte Formel für erfolgreiche belgische Geschäfte. Jeder Bürger erhöht das Bruttonationalprodukt, indem er pflichtbewusst im Durchschnitt 6,8 Kilogramm Pralinen pro Jahr verspeist.

Pommes frites

Die belgischen Pommes frites sind die besten in Europa. Auf eine Größe geschnitten, die dem kleinen Finger einer Frau entspricht, werden sie zweimal frittiert, um sie perfekt knackig zu machen. Sie werden mit einer Portion Mayonnaise serviert und oft hinter einem Vorhang von Regen verspeist, der vom Dach eines Pommes-frites-Wagens am Straßenrand tropft, während der Verkehr vorbeidonnert.

Getränke

Zu trinken ist eine beliebte Freizeitaktivität, doch halten nur wenige Belgier Getränke für ein Mittel um betrunken zu werden. In Wirklichkeit ist Trunkenheit eine Beleidigung der sozialen Anstandsregeln. Einmal über die Stränge zu schlagen, wird zwar vergeben, aber wer dies tut, wird jahrelang gnadenlos damit aufgezogen.

›› Die „Bar ohne Schlüssel" lebt und blüht noch immer, und wird von sehr unterschiedlichen Charakteren besucht.

Manche belgische Pendler legen immer noch einen Stopp für einen kleinen Drink als Wegzehrung in einer Bar in der Nähe des Bahnhofs ein. Diese Praxis hat angesichts des gewachsenen Gesundheitsbewusstseins zwar etwas abgenommen, doch die „Bar ohne Schlüssel" (die also 24 Stunden täglich geöffnet ist) gedeiht und blüht noch immer. Eine bunte Mischung von Charakteren findet sich hier ein, vom korpulenten LKW-Fahrer, der am frühen Morgen Meeresfrüchte an Restaurants liefert, bis hin zu gepflegten Büroangestellten, die wieder mal einen Bürotag zu Ende gebracht haben. Und dann gibt es natürlich noch die Dauergäste mit kratziger Stimme, die praktisch an der Bar wohnen, wo sie auch mal ein Schläfchen machen.

Ein wirklich besonderer Menschenschlag sind die Kneipenwirtinnen – agile, lebhafte Frauen undefinierbaren Alters, gekleidet in einen schwarzen Rock und eine weiße Schürze, die mit Leichtigkeit zwischen vier Unterhaltungen hin- und herwechseln können, während sie eine Bestellung an einem Tisch mit zwölf Gästen aufnehmen ohne etwas aufzuschreiben, und Gäste, die nicht willkommen sind, an den Ohren auf die Straße setzen können. Sogar männliche Kneipenmitarbeiter scheinen ihnen Respekt zu zollen und verkrümeln sich hinter den Bierzapfhahn, wo sie Biergläser mit einem Geschirrtuch polieren.

Meist trinkt man beim Essen. Allerdings kann man ja zwei Stunden vor dem Essen damit beginnen und es dann noch zwei Stunden über die Mahlzeit hinaus ausdehnen. Aperitifs sind beliebt, zum Beispiel ein Glas Portwein, ein Aperitif des Hauses (oft ein fürchterliches Gebräu von einer erschreckend grellen Farbe) oder eine zähe, wie Arznei schmeckende Flüssigkeit, hergestellt aus einem Extrakt aus Artischocken und Orangen (die gut zur Anregung des Appetits sein soll). Belgier trinken auch Wein – französischen Wein – in erstaunlichen Mengen, aber das unbestrittene Nationalgetränk ist Bier.

» Belgier trinken auch Wein, aber das unbestrittene Nationalgetränk ist Bier.

Am besten Bier

Vor hundert Jahren gab es über 3000 Brauereien in Belgien, doch wurden viele von größeren Brauereien geschluckt, so dass heutzutage nur noch etwa 150 bestehen. Diese schaffen es, immer noch alljährlich 1,8 Milliarden Liter Bier unter mehr als 1000 verschiedenen Markennamen und Handelsmarken zu produzieren (wovon 60 % exportiert werden). Die Belgier trinken pro Kopf 74 Liter Bier, eine recht gemäßigte Zahl verglichen mit den Tschechen (die die Statistik mit 132 Litern pro Kopf anführen), den Iren, Deutschen, Australiern und Österreichern. Belgier, die dieses verschwindende Talent bedauern, finden den Schuldigen in der Einführung des Rauchverbots in Kneipen und Cafés.

Stella Artois, das von einem in Belgien ansässigen Riesenkonzern hergestellt wird, ist die bekannteste Marke, aber es ist das Trappistenbier (wie Orval, Chimay, Westmalle), das die Feinschmecker zu Freudentränen rührt.

Diese Biere werden immer noch unter der strengen Aufsicht von Zisterzienserklöstern gebraut, wenn auch heutzutage durch Laienmitarbeiter. Abgefüllt in Flaschen kann man die Biere einfach im Supermarkt kaufen, doch um die Qualität zu garantieren, widerstehen die Mönche dem Druck,

die Produktion zu erhöhen, um große, potentielle Exportmärkte zu versorgen.

Es gibt viele andere besondere Biersorten, einschließlich der Weizenbiere, die oft mit einer Zitronenscheibe serviert werden – eine leckere Stärkung mitten am Nachmittag. Im Tal des kleinen Flusses Senne kommt eine einzigartige, natürliche Hefe in der Luft vor, die zur Spontangärung eines besonderen, weinähnlichen Biers mit dem Namen *lambic* und daraus weiterentwickelten Sorten wie *kriek* (abgerundet mit Kirschen), *framboise* (Himbeeren) und *faro* (Karamell und Zucker) genutzt wird. Das berühmte *geuze* ist eine ausgereifte Form des *lambic*.

Auf den Etiketten der meisten belgischen Flaschenbiere sind drei wichtige Angaben zu finden: die Stärke des Bieres, die sich meist zwischen 5 % und 12 % bewegt; die Temperatur, in der das Bier serviert wird und die Art des Glases, in der das Bier eingeschenkt werden sollte. Jede Biermarke hat ihr eigenes typisches Glas, von einer eleganten konischen Vasenform bis hin zur Bierschale mit einem Stiel. Jeder Barkeeper weiß instinktiv, welches Bier in welches Glas gehört. Ein Fehler dabei würde als Sakrileg empfunden und das Bier praktisch untrinkbar.

›› Jeder Barkeeper weiß instinktiv, welches Bier in welches Glas gehört.

Gesundheit

Wer einen Belgier fragt „Wie geht es Ihnen?", tut das auf eigene Gefahr.

Die Belgier sind sehr besorgt um die Gesundheit – ihre eigene und die anderer Leute. Es ist ein wichtiges Gesprächsthema und wenn man erst einmal angefangen hat, kann man sich sicher sein, dass alle grässlichen Details ans Tageslicht kommen, zu Symptomen, Körperflüssigkeiten, was der Apotheker gesagt hat, was der Arzt gesagt hat, was der Spezialist gesagt hat und was Frau Maertens von nebenan gesagt hat über ihren Mann, der die gleiche Krankheit hatte, kurz bevor er starb.

» Die Belgier sind sehr besorgt um die Gesundheit – ihre eigene und die anderer Leute.

Die Gesundheit eines Volkes hängt mit seiner Ernährung zusammen, doch mit dieser Theorie macht man sich in Belgien keine Freunde. Tatsache ist, dass all dieses Trinken und das exzellente, reichhaltige Essen sich bemerkbar machen. Verdauungsprobleme, Verstopfung, Gicht und Magenbeschwerden sind weitverbreitete Probleme und werden allgemein erörtert und mit großer Sympathie zur Kenntnis genommen. Feld-Wald-und-Wiesen-Weisheiten werden zu Rate gezogen und es wird empfohlen, Wein nur einer Farbe zu trinken, für eine Zeit lang *pâté de foie gras* zu vermeiden, oder einen Kräutertee nach der Hauptmahlzeit zu trinken. Aber klar, nimm noch einen Schluck und eine Praline dazu, wenn Dir danach ist: Frohsinn und Glückseligkeit sind schließlich die beste Medizin. Wenn es schlechter wird, hat der Durchschnittsbelgier einen Arzneischrank vollgestopft mit Pillen, die übriggeblieben sind von einer ganzen Reihe früherer Krankheiten oder zur Sicherheit bereitgehalten werden, falls sich ein Wehwehchen ankündigt.

Apotheken und Krankenhäuser

Wenn die Hausmittel nicht funktionieren, geht ein Belgier erst einmal in die Apotheke. Dies sind unglaublich effiziente Unternehmen, die nach teuer aromatisierter Reinheit duften, und in denen hochgebildete Mitarbeiter in gestärkten weißen Jacken auf die Tastaturen von Computern hacken und Weisheiten aus ihrem beeindruckenden Wissensschatz austeilen. Sie haben so fundierte medizinische Kenntnisse, dass es oft überhaupt nicht notwendig ist, zum Arzt zu gehen. Fairerweise muss man sagen, dass sie es mit den Grenzen ihrer Zuständigkeit sehr genau nehmen.

›› Apotheker haben so fundierte medizinische Kenntnisse, dass es oft überhaupt nicht notwendig ist, zum Arzt zu gehen.

Apotheken sind Teil eines allgemeinen Gesundheitssystems, teilweise privat, größtenteils staatlich finanziert, auf das die Belgier zurecht stolz sein können. Viele Krankenhäuser sind modern, mit den allerneuesten Geräten ausgestattet, dort arbeiten gut ausgebildete Ärzte, Pflegekräfte, Hilfskräfte und Verwaltungsangestellte, kompetent und inspiriert durch wirkliche Hingabe.

Das große Interesse der Belgier an Gesundheit garantiert, dass alle, die auf diesem Gebiet arbeiten, Respekt, Bewunderung und Wertschätzung erfahren. Belgien ist ein kleines Land, weshalb die Wahrscheinlichkeit, dass man bei einem kurzen Aufenthalt im Krankenhaus einen Freund oder Verwandten trifft, recht hoch ist, was den Aufenthalt um ein Vielfaches angenehmer macht.

Humor

Die Belgier lachen gerne. Professionelle Komiker neigen zu Wortspielen und einem Schnellfeuer-Schlagabtausch. „Zunge? Igitt! Die Vorstellung, etwas zu essen, was im Maul einer Kuh war, ekelt mich an." – „Isst du Eier?"

Die üblicherweise angebotenen Standardwitze sind oft etwas schwerfällig, und man beantwortet sie mit einem geduldigen Lächeln und einem höflichen Schmunzeln. Was Belgier an einem Tisch in der Kneipe oder in einem Restaurant jedoch wirklich zum Lachen bringt, sind Verwechslungsgeschichten, Personenverwechslungen, Geschichten über die Eskapaden bekannter „Typen", wahre Begebenheiten, die am Arbeitsplatz, im Zug, Supermarkt oder im Krankenhaus passiert sind. Hierzu ein Beispiel:

> Eines Tages im Pendlerzug, in dem wirklich jeder jeden kennt und die Leute sich unterhalten oder Karten spielen,

nahm eine prüde, ältere Dame ihr Taschentuch hervor, um sich die Nase zu putzen. Sie schüttelte es, um es auseinanderzufalten, doch es rutschte ihr aus der Hand und fiel in den Schoß eines alten Mannes, der im Sitz gegenüber vor sich hin döste.
Unglücklicherweise stand, wie alle bemerkt hatten, sein Hosenladen offen. Die Mitreisenden bemerkten die Zwickmühle, in der sich die ältere Dame befand und beobachteten aufmerksam, was sie jetzt unternehmen würde. Sie zögerte, dann beugte sie sich nach vorn, um ihr Taschentuch zu holen. Als sie das tat, erwachte der Mann und sah alle Gesichter auf sich gerichtet. Sich selbst betrachtend in vom Schlaf benebelter Panik, nahm er den Zustand seiner Entkleidung wahr. Hastig schloss er den Reißverschluss und stopfte dabei das Taschentuch in die Öffnung, während er sie schloss. Was die ältere Dame mitten in ihrer Bewegung erstarren ließ ...

Es wäre unfair zu sagen, die Belgier könnten nicht über sich selbst lachen, aber es ist wiederum auch nicht üblich, Witze über sich selbst zu machen. Warum sollte man sich selbst zur Zielscheibe eines guten Witzes machen, wenn man diesen auch über die Flamen/Wallonen erzählen kann?

Freizeit & Vergnügen

Urlaub

Belgier jetten in alle Länder der Erde mit Pauschalreisen oder selbst zusammengestellten Abenteuern, genau wie alle anderen Europäer. Aber echte belgische Ferien werden daheim verbracht – in den Wäldern der Ardennen oder an den Dünen der belebenden Nordseeküste. Camping, mit dem Wohnwagen unterwegs zu sein, Radfahren, Fischen und Wassersport – all dies gehört zum Spaß dazu. Der unvermeidliche leichte Regen trägt zu dem Gefühl bei, etwas geschafft zu haben, und zur Familiengemeinschaft.

›› Echte belgische Ferien werden daheim verbracht – in den Wäldern der Ardennen oder an den Dünen der belebenden Nordseeküste.

Outdoor-Abenteuer erzeugen einen gesunden Appetit. Von den gepflegten, baumgesäumten Alleen auf den Campingplätzen, von gartenhausähnlichen Hütten, die an einem baumbestandenen Fluss liegen und von den riesigen Wohnwagen der Dauercamper, deren Räder sich in Jahrzehnten nicht bewegt haben, steigen der Klang von Lachen, Besteck auf Tellern, Weinkorken, die aus Flaschen gezogen werden, und die reichen Aromen brutzelnder Steaks, gegrillter frischer Fische, schmelzender Schokolade und unwiderstehlicher Soßen auf.

Ferien sind im Wesentlichen eine Zeit für die Familie, können aber auch der Grund für familiäre Konflikte sein. Viele

Belgier (besonders Männer) arbeiten jahrein, jahraus so hart, dass eine unschuldige Frage wie „Fahrt ihr dieses Jahr in Urlaub?“ einen ungeheuerlichen Stimmungswechsel auf einem Familientreffen hervorrufen kann. Einige Väter müssen für den Urlaub von ihrem Schreibtisch weggezerrt werden und sie hinterlassen Kratzspuren auf dem ganzen Weg bis zur Unterkunft. Spannungen im Vorfeld der Reise können Krankheitssymptome hervorrufen, die erst wieder am Tag der Heimreise zurück zur Arbeit verschwinden.

Manchmal ist es eindeutig besser für Familien, das Thema Ferien komplett zu vermeiden und die Kinder in organisierte Sommercamps in den Ardennen oder an der Küste zu schicken. Hier, in einer sicheren, pfadfindermäßigen Umgebung, lernen die Kinder etwas über das Campen, spielen Volleyball, gehen Kanufahren und machen die intensiven Erfahrungen Jugendlicher, vor denen ihre Eltern sie für den Rest des Jahres bewahren wollen.

La Mer/De Zee

Die belgische Meeresküste ist sicherlich eine der reizlosesten in ganz Europa. Bitterkalte Winde strömen über die Nordsee herein, winden sich über die Reihen der mächtigen Dünen und sandstrahlen die unansehnlichen Apartmentblöcke und Spielhallen. Die Kette der Ferienorte wird unterbrochen von vom Wind übel zugerichteten Wohnmobilparks, verbunden

» Die belgische Meeresküste ist sicherlich eine der reizlosesten in ganz Europa.

durch trostlose Straßen und Umgehungsstraßen, zerschnitten von Eisenbahnlinien und kanalisierten Meeresarmen.

Doch empfinden viele Belgier große romantische Gefühle für *la Mer*. Es ist der Ort unvergesslicher Ferien, in denen man in einem Zustand freudiger Erregung im Meer herumpaddelt, über die Promenade spaziert, während man mit Puderzucker bestäubte *gaufres* (Waffeln) und Tüten mit frisch frittierten Pommes frites isst und sich in den warmen Sonnenscheinflecken hinter Strandhütten und einem Windschutz versteckt, oder verrückte Fahrräder und andere Attraktionen am Strand fährt. Und dann gibt es da noch die Meeresfrüchte – von den Strandschnecken, die ausgestattet mit einem Spießchen aus einem Kiosk heraus verkauft werden, bis hin zu einer Fülle frischer Schalentiere, Hummer und Krebse, aufgetürmt auf Platten und serviert in der Mitte eines Tisches umringt von leuchtenden Gesichtern.

Die belgische Küste ist vielleicht nicht exotisch, aber sie ist auch nicht angeberisch. Es ist ein Ort alter, beruhigender Sicherheiten: das vorhersehbar schlechte Wetter, zuweilen unterbrochen von langen, strahlenden, ozonerfüllten Sommertagen; die heruntergekommenen Apartments, die jahraus jahrein von denselben Familien gemietet werden, deren Kinder später selbst mit ihren Kindern zurückkehren. Die Küste ist tatsächlich durch und durch belgisch. Die einzigen Ausländer hier sind diejenigen, die sie genau dafür lieben.

›› Die belgische Küste ist vielleicht nicht exotisch, aber sie ist auch nicht angeberisch.

Sport

Ein großer Teil der Belgier hat eine Leidenschaft für Sport, insbesondere Fußball. Echte Fans verbringen, umgeben von Trophäen, Schals, Fotos großer Spieler und Meisterschalen jeden Abend im Vereinslokal damit, das letzte oder das nächste Spiel zu diskutieren. Manche spielen sogar noch aktiv.

Währenddessen flitzen Radfahrer in gefährlichen Cliquen, genannt *pelotons,* durch die Landschaft, erkennbar an Shorts, die das Gesäß betonen und den neuesten Tour-de-France-Trikots. Viele von ihnen haben bei näherem Hinsehen die 60 bereits überschritten.

Belgien hat seine eigenen, einheimischen Grand-Prix-Sieger im Motorsport, Rallyesport, Radfahren und Judo, und das Land hat zu seiner eigenen Verwunderung zudem eine Reihe internationaler Tennisstars hervorgebracht. Kim Clijsters und Justine Henin, die beide den ersten Platz auf der Weltrangliste im Damentennis erreichten, haben eine ganze Spielergeneration dazu inspiriert, Spitzenpositionen zu erreichen. Im Fußball gehören *Anderlecht, Standard Lüttich* und der *Club Brugge* zu den besten Europas. Allerdings scheint der gewagte Spitzname der Nationalmannschaft, die „Roten Teufel", nur das Schicksal herauszufordern.

›› Das Problem ist, dass man Sport nicht für so wichtig im Leben hält wie gutes Essen.

Das Problem ist, dass man Sport nicht für so wichtig im Leben hält wie gutes Essen. Den ganzen Wirbel um einen großen Meisterschaftssieg kommentierte Justine Henin damit, es ginge ja „nur um Tennis". Besessener Tatendrang und ein Killerinstinkt – wesentliche Züge moderner Erfolge im Sport – sind nicht wirklich Teil der belgischen Psyche. Eddy Merckx war hier eine Ausnahme. Sein Drang zu siegen brachte ihm den Spitznamen „Kannibale" ein.

Shopping

Es gibt eine französische Redewendung, *faire du lèche-vitrines,* die soviel bedeutet wie „die Schaufenster lecken gehen". Gemeint ist ein Schaufensterbummel, aber die Beschreibung von Kunden, denen das Wasser im Munde zusammenläuft, ist nicht sehr weit von der belgischen Realität entfernt. Belgier lieben es einzukaufen. Eine Leidenschaft, die gern von Ladenbesitzern unterstützt wird, die die Sinne mit visuellem Überfluss und der Eleganz ihrer Waren – seien dies Kleider, Möbel, Spielsachen, Käse, Würste oder Lampen – überwältigen.

Belgier sind Qualitätsfanatiker. Wenn es ihnen nicht passt, wie das Fleisch geschnitten ist, dann lassen sie es den Metzger wissen, und wenn sie jemals etwas bekommen würden, bei dem das Verkaufsdatum überschritten ist (Gott bewahre!), dann werden sie ihm in aller Öffentlichkeit die Leviten lesen. Jede Gemeinde hat eine Reihe von Geschäften in der Hauptstraße und jedes davon ist normalerweise ein Spezialgeschäft: der Blumenladen, der *pâtissier,* der Metzger, das Eisenwaren-

›› Jede Gemeinde hat eine Reihe von Spezialgeschäften in der Hauptstraße.

geschäft, die Apotheke, das Schreibwarengeschäft. Was sie verkaufen, ist klar definiert – die Ladenbesitzer kommen sich nicht gegenseitig in die Quere. Sie alle geben ihr Bestes. Um das Vertrauen ihrer Kunden zu erwerben, verwöhnen sie sie mit Geschenkverpackungen, elegant bedruckten Tragetaschen und einer Fülle höflicher und interessierter, teilweise auch offensichtlich schmeichlerischer Plaudereien. Einkaufen zu gehen ist ein Vergnügen, doch der vernünftige Kunde stellt immer, auf allerhöflichste Art und Weise, klar, dass er eine Wahl hat.

›› Was die Läden verkaufen, ist klar definiert – die Ladenbesitzer kommen sich nicht gegenseitig in die Quere.

Man kann natürlich auch im örtlichen Riesen-Supermarkt einkaufen oder in einem der prächtigen, neuen Einkaufszentren aus Spiegelglas, poliertem Messing und Marmor, die überall am Stadtrand der größeren Ortschaften und Städte aus dem Boden schießen. Belgier lieben Schnäppchen und kaufen in diesen Supermärkten die nötigsten Dinge, aber sie brauchen auch das Fachwissen, den menschlichen Kontakt und das Verwöhntwerden durch ihren Ladenbesitzer vor Ort. Und so haben die lokalen Einkaufsstraßen, allen Widrigkeiten zum Trotz, überlebt – wenn auch mit der Zerbrechlichkeit eines Tortenständers in einer starken Windböe.

Kultur

Belgien hat ein reiches kulturelles Erbe, doch ist das Land einfach noch nicht lange genug auf der Landkarte, um kulturelle Wurzeln auszubilden, die sofort als „belgisch" erkannt würden. Die Belgier lassen sich davon nicht stören. Gerade so wie sie zufrieden damit sind, amerikanische Filme auf ihren japanischen Fernsehgeräten anzuschauen, französische Autos zu fahren, und romantische Bücher zu lesen, die aus dem Englischen übersetzt sind, versuchen sie nicht die belgische Kultur höher zu stellen, als diese es verdient.

Kunst

Aber es ist immer ein Fehler dieses Land zu unterschätzen. Von Zeit zu Zeit bricht in den gepflegten Linien der städtischen Reihenhäuser, in der verschlafenen Behaglichkeit der Vorstädte oder gediegenen Dörfer ein konventioneller Kokon auf und daraus steigt ein prächtiger Schmetterling auf, der das belgische Leben aus seiner Konformität befreit, in einer schwungvollen Bewegung voller Inspiration und Erfindungsreichtum. Dies ist das Land, das die surrealistischen Maler René Magritte und Paul Delvaux hervorbrachte. Von diesen beiden war Paul Delvaux vielleicht der offensichtlichere Belgier – all diese verträumten Akte, die sich an mondbeschienenen Straßenbahnhaltestellen zurücklehnen.

» Es ist immer ein Fehler dieses Land zu unterschätzen.

Die Belgier standen Ende des 19. Jahrhunderts an der Spitze der Avantgarde, als man Ausstellungen von Cézanne organisierte, während dieser in seinem eigenen Land als Spinner beschimpft wurde. Die Symbolisten kamen in dieser Zeit auf und sie schufen ein weites Feld mystischer, emotional geladener Gemälde – Künstler wie Jean Delville, Léon Frédéric, Fernand Khnopff und Léon Spilliaert, die die belgische Düsternis in inspirierende Eleganz verwandelten. Etwa zwei Jahrzehnte vor dem Aufkommen des Expressionismus malte der englisch-belgische James Ensor bizarre, wilde Ölgemälde mit Titeln wie „Skelette im Streit um einen eingelegten Hering".

Diese Tradition, Wegbereiter kontroverser moderner Kunst zu sein, lebte in jüngster Zeit wieder auf, insbesondere durch die umtriebigen städtischen Galerien in Gent und Antwerpen mit Künstlern wie Wim Delvoye, dessen berüchtigte Installation Cloaca zweimal täglich Nahrungsmittel isst, verdaut und ausscheidet.

Es war ein Belgier, der die revolutionäre Natur des Jugendstils in die Architektur einbrachte. Victor Horta entwarf 1893 das weltweit erste Jugendstilhaus in Brüssel. Sein Studio und Haus (heute ein Museum) beweisen sein unvergleichliches Talent für schöne und fließende Gestaltung. Der Jugendstil war in ganz Belgien bis zum Ersten Weltkrieg der letzte Schrei. Eine Reihe wichtiger Designer war daran beteiligt, wie Henry van de Velde, der die Kunstschule in Weimar gründete, die sich schließlich zum Bauhaus entwickelte. Trauri-

» Es war ein Belgier, der die revolutionäre Natur des Jugendstils in die Architektur einbrachte.

gerweise wurde eine Menge des Jugendstilerbes zerstört, als es aus der Mode geriet. Trotzdem gibt es immer noch eine Menge davon zu sehen – und eine eigene Kategorie belgischer Enthusiasten, die der Jugendstilliebhaber.

Kratze an einem Belgier und du wirst einen Surrealisten finden – obwohl er oder sie es heftig bestreiten wird. Öffentliche Denkmäler unterstreichen eine Vorliebe für unvereinbare Bildsprache. Die Belgier, und im Speziellen die Brüsseler, haben das Atomium (ein eigenwilliges, riesiges Modell eines Eisenmoleküls, das 100 m hoch ist und 1958 für die Exposition Universelle de Bruxelles errichtet wurde), sowie das *Manneken Pis* (einen kleinen Bronzebrunnen eines nackten, pinkelnden Jungen, der regelmäßig in eines seiner 800, wunderschön genähten Kostüme gekleidet wird, die von Regimentern, Vereinen und ausländischen Regierungen gespendet werden – alles Maßanfertigungen, damit er auch weiterhin als Brunnen seinen Dienst tun kann), praktisch als Wahrzeichen adoptiert.

Die Belgier posaunen Kultur nicht wirklich heraus. Sie schätzen durchaus die Idee dahinter, misstrauen jedoch jedem, der sie zu offensichtlich zur Schau stellt. Sie mögen eben keine Primadonnen. Der Schauspieler und Schriftsteller Noël Godin und sein Team von „*entarteurs*" (Tortenwerfern) haben sich darauf spezialisiert, alle

öffentlichen Personen, die sie für zu aufgeblasen halten – Künstler, Filmemacher, Industrielle, Politiker – mit Cremetorten zu überfallen (Bill Gates war eines ihrer Opfer).

Sogar Magritte, einer der wenigen Künstler, der schon zu Lebzeiten zur Legende wurde, bestand auf seiner Gewöhnlichkeit bis hin zum Exzentrischen: Wie ein Angestellter frühstückte er, zog seinen Hut und Mantel an, hängte sich seinen Regenschirm an den Arm, gab seiner Frau einen Abschiedskuss, lief einmal um den Häuserblock, kam zurück ins Haus, hängte seinen Schirm, Hut und Mantel auf, zog einen Overall an und begann mit seiner Tagesarbeit an der Staffelei.

›› Magritte bestand auf seiner Gewöhnlichkeit bis hin zum Exzentrischen.

Schnüffler und Comics

Zu den großen Namen der belgischen Literatur gehören Maurice Maeterlinck, Emile Verhaeren, Michel de Ghelderode und Hugo Claus, dessen berühmtestes Werk bezeichnenderweise den Titel „Der Kummer von Belgien“ trägt. Außerhalb der Niederlande und Frankreich sind sie praktisch unbekannt.

Spricht man jedoch von Unterhaltungsliteratur, findet man gleich zwei Autoren von Weltformat. Georges Simenon, der Pfeife rauchende Autor von etwa 300 Romanen, ist einer von ihnen. 76 seiner Bücher handeln von Kommissar Maigret. Sein Werk wurde in 87 Sprachen übersetzt und er ist einer der meistgelesenen Autoren der Welt.

Der andere ist Hergé, am bekanntesten für Tintin („Tim und Struppi"), den umherstreifenden jugendlichen Reporter, der auf seinen Reisen viele der Merkmale und Ideale der belgischen Nation im Gepäck hat. Hergés wirklicher Name war Georges Remi. Sein Pseudonym war nicht einfach aus der Luft gegriffen. Er nahm seine Initialen GR (ausgesprochen als Sche-Er) und drehte diese um.

Comics oder *bandes dessinées* sind eine ernsthafte Angelegenheit in Belgien. Im *Centre Belge de la Bande Dessinée* (Belgisches Comic-Zentrum) in Brüssel sind passionierte Erwachsene vertieft in die in zahllosen Regalen archivierten Comics. Kein Lachen oder Kichern stört den ehrfurchtsvollen Ernst dieses Heiligtums.

Fernsehen

Die meisten belgischen Haushalte empfangen zahlreiche Kanäle über Kabel aus Frankreich, den Niederlanden, Deutschland, Großbritannien und Luxemburg, was ihnen zusätzlich zu der einheimischen Kost eine große Auswahl bietet. Die staatlichen Fernseh- und Radiostationen sind natürlich zweigeteilt: in die französischsprachigen und die niederländischsprachigen. Und diese beiden werden nie zueinanderfinden. Nachrichtensendungen, Programme zum Zeitgeschehen und Dokumentationen halten ein beeindruckend hohes Niveau, doch die Unterhaltungs-

» Die staatlichen Fernseh- und Radiostationen sind natürlich zweigeteilt: in die französischsprachigen und die niederländischsprachigen.

sendungen bestehen hauptsächlich aus Quiz-Shows, amerikanischen Filmen und uralten Fernsehserien sowie geschmacklosen Komödien, in denen sich alle Charaktere zu irgendeinem Zeitpunkt in ihrer Unterwäsche im Schrank verstecken.

Fernsehwerbung ist im Allgemeinen schlicht und oft etwas dilettantisch. Eher selten gibt es Werbung im Stil großer Kinoproduktionen, mit denen die Franzosen zum Beispiel versuchen, ein Auto zu verkaufen, indem die Kurzfassung eines Erotikthrillers gezeigt wird. Die Belgier wollen Fakten über das Auto wissen, nicht ob es eine erhöhte Chance auf einen Seitensprung bietet. Werbung wird unterbrochen durch die Jingles der Sender, die so dezent und durchdringend sind wie das Geräusch eines Baggers.

» Fernsehwerbung ist im Allgemeinen schlicht und oft etwas dilettantisch.

Trotz allem sehen die Belgier sehr viel fern. Vor die Wahl gestellt zwischen dem Fernseher und der Möglichkeit zu essen, zu trinken, andere Leute zu treffen, hat der Fernseher allerdings keine guten Chancen.

Nachtleben

Essen und Trinken sind die wichtigsten Arten der Abendunterhaltung in Belgien, was es einigermaßen schwierig macht für jede andere, alternative Unternehmung, Fuß zu fassen. Während Brüssel über eine ordentliche Portion von coolen Tanzläden und Locations für Livekonzerte verfügt, die Spitzentalente der internationalen Szene zu Gast haben, hat sich Antwerpen einen Namen gemacht für seine lebhafte Klubszene, die so veränderlich ist, dass irgendein Klub, der in einer Stadtzeitschrift aufgelistet wird, zum Zeitpunkt der Drucklegung wahrscheinlich schon wieder *out* ist.

Trendige Kneipen unterliegen ebenso den erbarmungslosen Launen der Mode. Eine Woche ist die „angesagte" Bar bis zum Brechen voll und die Melodien des zu dekorativen Zwecken angestellten Ragtimepianisten gehen im Lärm unter, während man in der nächsten Woche jeden Ton hören kann, den er spielt. Expressionismus, Postmodernismus, 1950er Retro, Minimalismus – so ziemlich jeder Stil wurde von Kneipenbesitzern schon als Lockmittel für die abendlichen Besucherströme ausgenutzt. Freitags und samstags kann sich die Stimmung in diesen Locations zu einer fieberhaften Erregung steigern.

›› Bei den cafés-dansants klimpern ältere, silbern gekleidete Bandmitglieder schmalzige belgische Hits von damals.

Am anderen Ende der Skala liegen die *cafés-dansants,* Tanzabende, bei denen ältere, silbern gekleidete Bandmitglieder schmalzige belgische Hits von damals klimpern, für die Rentner und alternden Gigolos in Flamenco-Anzügen auf der Tanzfläche, die wehmütig von pikanten Jugenderinnerungen träumen, die so lebhaft in den Liedern von Jacques Brel porträtiert werden. Für die meisten Belgier ist dieser große Liedermacher, der 1978 starb, der einzige belgische Musiker von Gewicht. In der Tradition der Ballade und des Varietétheaters (der englischen *music hall)* stehend, zauberte Brel Lieder großer Ausstrahlung und Bandbreite – lustig, beißend satirisch, poetisch, zutiefst romantisch – hervor, die eine universelle Anziehungskraft besaßen und zur gleichen Zeit die wahre Essenz Belgiens einfingen. Die Leute sprechen noch immer mit verklärtem Blick von den Brel-Konzerten, die sie in ihrer Jugend besuchten, und bleiben auf der Stelle stehen, wenn sie *Amsterdam* oder *Ne Me Quitte Pas* wieder einmal im Radio hören.

Le Plat Pays (Das flache Land) ist eine Ode an Belgien bei jedem Wetter und gleichzeitig ein klassisches Porträt des Landes. Die dritte Strophe lautet (in einer von vielen möglichen Übersetzungen):

Mit einem Himmel so tief, dass ein Fluss sich verliert.
Mit einem Himmel so tief, dass man Demut spürt.
Mit einem Himmel so grau, dass ein Fluss darin verschwindet.
Mit einem Himmel so grau, dass man ihm verzeihen muss.
Mit dem Wind aus dem Norden, der sich vierteilen wird.
Mit dem Wind aus dem Norden, hört wie es knarrt:
Das flache Land, das meines ist.

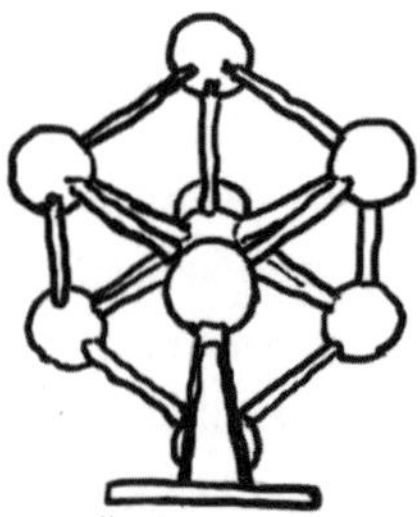

Sitten & Bräuche

Karneval und Volksfeste

Sollte irgendjemand daran zweifeln, dass der Surrealismus historische Wurzeln in der Psyche des Landes hat, dann braucht man nur zu einer der alljährlichen Karnevalsveranstaltungen oder zu einem der Umzüge zu gehen. Riesige Pappmachéfiguren mittelalterlicher Charaktere aus Volkserzählungen werden durch die Straßen kleiner Marktstädte getragen, begleitet von dröhnenden Blaskapellen und reichlichem Bierkonsum.

Wie in vielen anderen frohsinnigen, katholischen Ländern finden in Belgien besonders derbe Karnevalsveranstaltungen vor der Fastenzeit statt. An einer der bekanntesten, die in Binche in Westbelgien abgehalten wird, ziehen die männlichen Teilnehmer, *Gilles* genannt, in aufwändigen, traditionellen Kostümen, die vornehme Hofnarren darstellen, umher. Die Kostüme sind verziert mit Glocken, Spitzenkragen und -manschetten, dazu gehören rosafarbene Masken, ausgestattet mit Brillen aus Draht und Bärten, die mit einer Binde auf dem Kopf befestigt werden. Später tragen sie gigantische Hüte aus weißen Straußfedern und bewerfen die Umstehenden mit Orangen. Niemand scheint genau zu wissen, woher diese Tradition stammt.

›› Bei Karneval in Binche tragen die Teilnehmer gigantische Hüte aus weißen Straußfedern und bewerfen die Umstehenden mit Orangen.

Im Mai werden beim *Kattefeest* von Ypern Stoffkatzen vom Turm des Rathauses geworfen; jedenfalls sind sie heutzutage aus Stoff, doch bis 1817 waren es echte Katzen. Im August wird mit großem Spektakel ein Maibaum von der St.-Lorenz-Gilde durch die Straßen getragen und dann an einer vorbereiteten Stelle auf der Straße eingegraben. So kann man die Liste fortsetzen.

» Beim Kattefeest von Ypern werden Stoffkatzen vom Turm des Rathauses geworfen.

Solche Feste werden gern gefeiert, entfachen aber bei den meisten Belgiern nicht die größte Begeisterung. Es sind die Jahrmärkte, auf denen die Augen der Belgier zu leuchten beginnen. In ganz Belgien finden Jahrmärkte statt; die extravaganteste Kirmes ist die *Foire du Midi,* die von Mitte Juli bis Mitte August eine der großen Verkehrsachsen in Westbrüssel zur Hälfte einnimmt. Dort gibt es Schießbuden, Autoskooter, Riesenrutschen sowie die neuesten, supermodernen Attraktionen, die den Magen durchschütteln, und die beflissenen Bürger zu zitternden, kreischenden, beschwingten Wracks machen. Es ist gleichzeitig der Beginn der Schalentier-Saison, weshalb diejenigen, die nicht die Attraktionen fahren wollen, sich an Biertischen niederlassen, um Platten voller Muscheln, Schnecken und Krustentiere zu vertilgen und gläserweise Bier hinunterzukippen. Das ist das wahre Vergnügen für einen Belgier.

Religiöse Feste

Trotz der offensichtlichen Gleichgültigkeit des Landes der Religion gegenüber, wird bei religiösen Festen ein uralter Hang zu katholischem Eifer angezapft – manchmal in einem beunruhigenden Ausmaß. Bei der *Boet Processie* (Bußprozession) in Veurne im Nordwesten tragen Leute in geisterhaften Mönchskutten mit Kappen schweigend Kreuze. In Brügge wird am Himmelfahrtstag bei einer Prozession eine Phiole mit Heiligem Blut durch die Straßen getragen, die Menschen sind in mittelalterliche und biblische Kostüme gekleidet. Das Argument, die Einheimischen würden nur ein Schauspiel aufführen, um ihrer Tourismusbranche einen weiteren Schub zu verleihen, kann ganz einfach mit der Tatsache ausgeräumt werden, dass sie dies bereits seit 800 Jahren tun.

Ostern ist ein ruhiges Fest, das man für die Kinder feiert, dic Ostereier sammeln, die die *cloches de Rome* (Glocken von Rom) irgendwie magischerweise im Garten verstecken konnten (ja, tatsächlich, die Glocken bringen die Eier).

Belgische Kinder feiern zweimal Weihnachten. Das erste ist die *Fête de Saint-Nicholas* am 6. Dezember, wenn sie mit Geschenken überschüttet werden und den Heiligen Nikolaus in seiner Grotte im Einkaufszentrum besuchen dürfen. Verkleidet in sein Kostüm des Bischofs vom Myra, wird er vom *Zwarte Piet* begleitet, seinem schwarz bemalten, Peitsche tragenden Helfer. Zum eigentlichen Weihnachtsfest kommt die Familie an Heiligabend zu einem ausschweifenden Mahl zusammen. Anschließend rol-

›› Belgische Kinder feiern zweimal Weihnachten.

len sie vollgestopft zur Mitternachtsmesse mit Chorgesang. Am ersten Weihnachtstag werden die Kinder wieder mit Geschenken überschüttet, doch sind diese oft praktischer Natur, wie etwa Kleidung.

Ein weiteres wichtiges Datum im sozialen Kalender ist Allerheiligen am 1. November. In der heraufziehenden Düsternis des kommenden Winters werden die Friedhöfe mit erstaunlichen Mengen an Blumen, vor allem Chrysanthemen, die in allen Farben des Herbstes leuchten, gefüllt. Der darauffolgende Tag ist der *Jour des Morts,* wenn wirklich jeder den Toten der Familie Respekt zollt, was viele sowohl für ein christliches Ritual als auch für ein Überbleibsel des keltischen Erbes der Belgier halten.

Systeme

Das Gesetz und die Polizei

Ganz allgemein wird angenommen, dass die belgische Polizei ihr Bestes gibt. Aber als Belgier würde man wahrscheinlich finden, dass das Beste nicht gut genug ist. Jede Enthüllung über Korruption und Inkompetenz bestätigt wiederum ein tief verwurzeltes Misstrauen, was das Engagement und die Motive aller Behörden betrifft. „Schock, Horror!" titeln die Schlagzeilen, die die Belgier mit einem Schulterzucken abtun, was ein ebenso tief verwurzeltes Gefühl von Machtlosigkeit widerspiegelt.

Tatsächlich sind diese Probleme wohl das Resultat eines Systems, das auf mittelalterliche Zeiten zurückgeht – damals, als Waffenschmiede, Schuster, Heringsalzer, Talgkerzenmacher und Bader das Sagen hatten. Wenn sie heute ihren Geschäften nachgehen, Tankstellen betreiben, Begonien ziehen, Gebäck herstellen, Arzneimittel abfüllen oder Internetunternehmen ausbauen, dann folgen die Belgier weiterhin diesem eher undurchsichtigen moralischen Code.

›› Belgier scheinen ehrlich und gesetzestreu fast bis zur Schmerzgrenze.

Einerseits scheinen sie ehrlich und gesetzestreu fast bis zur Schmerzgrenze. Das macht sie angreifbar für schiere Verzweiflung, wann immer ein Verbrechen – von Einbruchsdelikten bis hin zu Raubüberfällen auf Autos durch bewaffnete Banden (eine örtliche Besonderheit) – über ihre säuberlich geordneten Gemeinden hereinbricht. Auf der anderen Seite halten sie ein System gegenseitiger Gefälligkeiten für normal – „das ist gut für's Geschäft" – was zu einer zersetzenden Atmosphäre von Korruption in kleinem oder nicht ganz so kleinem Stil führt.

Solche Widersprüche wurden durch eine Serie extremer Ereignisse, die sich in den letzten beiden Jahrzehnten entladen haben, in den Mittelpunkt gerückt. Dazu gehörten wahllose Tötungen in einer Serie aufeinander abgestimmter, ungelöster Supermarktüberfälle, grausige Morde, politische Attentate, großangelegte Regierungskorruption und riesige Lebensmittelskandale.

›› Belgier halten ein System gegenseitiger Gefälligkeiten für normal – „das ist gut für's Geschäft".

Diese prominenten Ereignisse führten zu einem Stimmungswandel im Land. Belgien, das zuvor eher verschlafen provinziell und naiv war, wurde plötzlich mit einer anderen, finsteren Vorstellung von der modernen Welt konfrontiert. Es gab viel Augenrollen und Schulterzucken, aber dieses Mal waren die Belgier wirklich erschüttert. Viele fassten diese Ereignisse persönlich auf; sie hatten ein Gefühl nationaler Erniedrigung, das den jahrhundertealten Mangel an Selbstbewusstsein wieder zum Vorschein kommen ließ. Jeder belgische Einwohner scheint eine Theorie zu jedem dieser Fälle zu haben – normalerweise gehört eine Verschwörungstheorie dazu. Doch der Kern des Problems liegt darin, dass das normale Leben, einschließlich des Justizsystems, durch politische Einflussnahme und Vetternwirtschaft durchdrungen wurde.

Die Belgier haben hart daran gearbeitet, diese Traumata zu verarbeiten, und stehen geläutert da, wie Gläubige nach der Beichte. Sie würden gern einen Strich unter dies alles ziehen, doch ihr antiquiertes und unzureichendes Rechtssystem hindert sie daran. Politiker versprechen radikale Reformen, doch die Belgier – gestärkt durch einen wiederentdeckten Zynismus – erwarten nicht allzu viel.

Bildung

Einem Bericht der Vereinten Nationen zufolge ist das belgische Bildungssystem „das beste der Welt". Das ist genau die Art von guter Nachricht, die die Regierung in erleichtertem Triumph aufgreift und die der Rest der Bevölkerung abtut als eine verderbliche bürokratische Phantasie, die unweigerlich zu Selbstgefälligkeit führt.

» Einem Bericht der Vereinten Nationen zufolge ist das belgische Bildungssystem „das beste der Welt".

Belgische Schulen sind unterteilt in drei Hauptkategorien: erstens die staatlich finanzierten Schulen, die allen Bewerbern offenstehen; zweitens die stärker auf Disziplin achtenden katholischen Schulen, für die man Schulgeld bezahlt, die aber dennoch stark vom Staat subventioniert werden; drittens die teuren Privatschulen und Internate, die nur auf eine kleine Minderheit von Kindern ausgerichtet sind, oft solche mit einem besonderen Förderbedarf. Die Mehrheit der Kinder, von der Tochter des Klempners bis zum Sohn des Industriellen, besucht die örtliche, freie, koedukative Schule, wo sie eine solide Bildung erwarten können, die gut genug ist, um sich für höhere Bildung zu qualifizieren, sollten sie diese anstreben.

Man erwartet ein großes Maß an Disziplin und wenn ein Kind die Grenzen zu weit überschreitet und wiederholt den Unterricht stört, unternimmt die Schule Schritte und spricht mit den Eltern. Wenn dies keine Wirkung zeigt, reden andere Eltern mit den Eltern. Das wirkt normalerweise.

Kinder gehen zu Fuß oder fahren mit dem Fahrrad zur Schule, oder sie fahren mit dem Bus, ordentlich gekleidet in saubere Alltagskleidung. Auf ihrem Rücken tragen sie Schulranzen, die normalerweise Gegenstand eines erbitterten Konkurrenzkampfes sind: Beim *rentrée* (Beginn) jedes Schuljahres tut es nur der schickste Ranzen, bedruckt mit den Slogans und Namen der neuesten Kultserien im Fernsehen oder von Kinofilmen. Die meisten Kinder würden lieber sterben, als mit dem Ranzen aus dem letzten Jahr gesehen zu werden.

›› Universitäten sind wie die Schulen durch Belgiens Sprachgrenzen aufgeteilt, nur wenige Studenten überschreiten diese Grenze.

Universitäten sind wie die Schulen durch Belgiens Sprachgrenzen aufgeteilt, nur wenige Studenten überschreiten diese Grenze. Dieses Problem wurde in Leuven / Louvain (dt. Löwen) – Standort einer der ältesten Universitäten Europas – dramatisch auf die Spitze getrieben: Das Flämische wurde hier als Zweitsprache benutzt, bis ein teils gewalttätiger Konflikt in den 1960er Jahren zu einer Spaltung der Universität führte. Als Ergebnis erhielt die französischsprachige Gemeinschaft eine nagelneue Universitätsstadt mit dem Namen Louvain-la-Neuve („Neu-Löwen"), südlich von Brüssel, wofür sie sehr dankbar ist.

Straßen und Züge

Belgien hat das einzige Autobahnnetz der Welt, das, mit Ausnahme eines neuen Abschnitts nach Dünkirchen, nachts vollständig beleuchtet ist. Das ist angeblich auch aus dem Weltall zu sehen.

Belgische Züge werden von Mitarbeitern begleitet, die eine Motivation an den Tag legen, die man sonst nur in Bobteams erwartet. Sie erscheinen in säuberlich gebügelten Uniformen und handhaben ihre Entwertungszangen mit Gesten, die auf einem Exerziergelände antrainiert sein könnten. Während sie die Fahrkarte inspizieren, prahlen sie mit ihrem enzyklopädischen Wissen der belgischen Eisenbahnfahrpläne, indem sie in zwei Sprachen herunterleiern, wo man umsteigen muss, wann und von welchem Gleis die Anschlusszüge abfahren und wann man dort ankommt, gerade so als ob sie in umgebauten Signalhäuschen gelebt hätten und seit ihrer Kindheit Modelleisenbahnen hätten fahren lassen. Daraus ergibt sich ein System beneidenswerter Effizienz.

›› Belgische Züge werden von Mitarbeitern begleitet, die eine Motivation an den Tag legen, die man sonst nur in Bobteams erwartet.

Die Regierung

Die Monarchie

1831 grasten die Belgier Europa ab, um jemanden zu finden, der den Posten des Königs in ihrem neuen Land übernehmen wollte. Nach ein paar Absagen wurde das Angebot schließlich von Prinz Leopold von Sachsen-Coburg und Gotha, einem Onkel Königin Victorias, angenommen. Als Protestant fand man ihn nicht perfekt, aber er nahm die Aufgabe an und heiratete eine Tochter des französischen Königs, wodurch eine katholische Dynastie gegründet wurde.

Danach heirateten die belgischen Könige eine Reihe von Ausländerinnen, weshalb sie kaum einen Zentiliter belgischen Blutes besaßen – was ihnen anscheinend gut getan hat. Obwohl sie sich in Zurückhaltung üben, spielen sie eine wichtige konstitutionelle Rolle als Staatsoberhaupt und die königliche Familie ist weithin bewundert und respektiert – vielleicht oft mehr aus Höflichkeit als aus wirklicher Zuneigung. Die Tatsache, dass sie weise geheiratet haben und beieinander geblieben sind, hat geholfen.

›› Die belgischen Könige heirateten eine Reihe von Ausländerinnen.

Der König wurde immer als Symbol der belgischen Einheit gesehen. Das wurde anschaulich deutlich beim Tod von König Baudouin, einem scheuen, bescheidenen und würdevollen Mann, für den 125.000 Menschen im Regen vor dem königlichen Palast in einer Reihe standen, um ihm an seinem Sarg die letzte Ehre zu erweisen.

Rückblickend war dies einer der Höhepunkte der belgischen Monarchie. Die Nachfolge von Baudouin trat sein Bruder Albert an, dessen solide, ereignislose Regentschaft, gespickt mit einer Spur königlicher Skandale, mit der überraschenden Ankündigung seiner Abdankung zugunsten seines Sohnes und Erben Prinz Philip im Jahr 2013 ein plötzliches Ende nahm. Philip muss den verminten Weg zwischen lautstarkem Republikanismus (stärker ausgeprägt in Flandern) und lauwarmer Wertschätzung überwinden. Sein öffentliches Ansehen steigerte sich durch seine Hochzeit mit Mathilde d'Udekem d'Acoz, einer belgischen Aristokratin mit Wurzeln in sowohl der flämischen als auch französischen Gemeinschaft enorm. Dies und ihr natürlicher Charme haben die Aktien der königlichen Familie unendlich in die Höhe getrieben, zusammen mit ihrem größten Trumpf: Sie ist die erste belgisch-stämmige Königin (beziehungsweise Königsgattin um genau zu sein) in der fast zweihundertjährigen Geschichte der belgischen Monarchie.

» Mathilde ist die erste belgischstämmige Königin in der fast zweihundertjährigen Geschichte der belgischen Monarchie.

Das uralte Salische Gesetz (das Frauen von der Thronfolge ausschließt) wurde 1991 abgeschafft, weshalb Philips ältestes Kind, seine Tochter Elisabeth, die zweite in der Thronfolge nach ihrem Vater wurde, noch vor ihrem jüngeren Bruder. Dies ist ein praktischer Beweis für die Bereitschaft der belgischen Monarchie, sich an moderne Zeiten anzupassen, was sich als Schlüssel für ihr langfristiges Überleben erweisen könnte.

Teile und herrsche

Der „Belgische Kompromiss" – inzwischen ein international gültiger Ausdruck wie *dutch courage* (im Englischen für „angetrunkener Mut") – verdankt seine Entstehung dem belgischen Talent für konstruktive Mauschelei, besonders in der Regierung. Im Kern beschreibt der Begriff die Art und Weise, wie Belgien aus zwei separaten, sprachlich getrennten Gemeinschaften zu einem einzigen, harmonischen Ganzen zusammengeschmiedet wurde. Gleichermaßen spricht man auch von der Fähigkeit der Belgier, in jedwedem Bereich durch einen Kompromiss eine Lösung zu finden. Es werden komplexe Vereinbarungen ausgehandelt, um alle Parteien zufrieden zu stellen – aber nicht vollständig – in Umschreibungen, die niemand vollkommen verstehen kann, und die dann in die eigene Sprache übersetzt werden, wie es sich als geeignet erweist. Wo dies zu praktischen Problemen führt, wenden die Belgier ein anderes, entsprechendes Talent an: Improvisation.

›› Hinsichtlich der Einheit der Nation hat der Ausdruck „Belgischer Kompromiss" viel von seinem Glanz verloren.

Hinsichtlich der Einheit der Nation hat der Ausdruck „Belgischer Kompromiss" jedoch viel von seinem Glanz verloren. Das Problem der Föderalisierung (der Prozess, durch den die Regierung dezentralisiert wird und auf die zunehmend autonomen, föderalen Regionen Wallonie, Flandern und Brüssel verlagert wird) bleibt der große politische Stein des Anstoßes, den Politiker aller Richtungen mehr oder weniger ausbeuten. Die Flamen sind die lautesten „Nationalisten" (das heißt Sezessionisten). Wurden diese früher durch eine extrem rechte Partei namens *Vlaams Belang* vertreten („Flämisches Interesse", abgekürzt VB, wobei die Initialen der verbotenen Partei *Vlaams Blok* übernommen wurden), wird das Anliegen der flämischen Nationalisten inzwischen von der mitte-rechts stehenden „Neuen Flämischen Allianz" (N-VA) unterstützt, was ihnen 28 % der Stimmen in Flandern und 17 % bei landesweiten Wahlen einbringt – und sie zur größten Partei macht. Derweil erreicht VB nur 7 % der Stimmen landesweit, schafft es in Antwerpen jedoch auf 33 %, was den großen Bevölkerungsanteilen von Immigranten und Juden wirklich Angst einjagt. Die Wallonen können sich kaum beschweren, haben sie doch ihre eigenen extremistischen Parteien (wenn auch mit deutlich geringerem Stimmanteil). Die nationale Regierung besteht normalerweise aus einer wackligen Koalition von Sozialdemokraten, Liberalen und Christdemokraten, die fragil zusammengehalten wird durch die Unterstützung von kleinen religiösen oder sektiererischen Parteien aus dem gesamten politischen Spektrum. Durch eine politische Krise gab es in Belgien 2010/2011 fast eineinhalb Jahre lang keine Regierung (541 Tage), womit man den Rekord, den bis dahin der Irak hielt, gebrochen hat. Auch Durchschnittsbelgier flüsterten im Geheimen von nationaler Auflösung; dann zuckten sie mit den Achseln und gingen wieder ihre Hecken schneiden.

» Auch Durchschnittsbelgier flüsterten im Geheimen von nationaler Auflösung; dann zuckten sie mit den Achseln und gingen wieder ihre Hecken schneiden.

In Anbetracht dieses Zustandes kann die belgische Regierung manchmal eine erstaunlich kontroverse Gesetzgebung verabschieden. Belgien war das zweite Land der Welt (nach den Niederlanden), das 2001 legale Euthanasie einführte, für unheilbar Kranke in einem Zustand „konstanten und untragbaren“ Leidens. Doch die wagemutige Gesetzgebung (eingeführt 1993), die die Verfolgung jeglicher Verbrechen gegen die Menschlichkeit ermöglichte, unabhängig wo diese begangen wurden, erwies sich als etwas zu fortschrittlich. Als zu viele Politiker von Weltrang dadurch ins Rampenlicht gezerrt wurden, siegte, was im diplomatischen Sumpf wirklich durchsetzbar ist, und das Gesetz wurde durch ein anderes Gesetz mit einem weitaus gemäßigteren und eingeschränkteren Bereich ersetzt.

Minister der landesweiten Regierung haben kaum mehr Macht als ihre Amtskollegen der regionalen Regierungen Flanderns und der Wallonie, obwohl gewisse Aufgabengebiete wie die Landesverteidigung, Steuern und Infrastruktur, noch immer im Zuständigkeitsbereich der nationalen, und nicht der regionalen, Regierung liegen. Demokratie wird per Gesetz eingefordert: Alle stimmberechtigten Bürger müssen zur Wahl gehen; die theoretisch dafür angedrohte Geldstrafe wird aber tatsächlich nicht mehr verhängt.

›› Minister der landesweiten Regierung haben kaum mehr Macht als ihre Amtskollegen der regionalen Regierungen Flanderns und der Wallonie.

Der König muss jedem Gesetz, das von der nationalen Regierung verabschiedet wird, zustimmen. Daraus ergab sich

1990 ein berühmter Konflikt, als König Baudouin mit einem Gesetz konfrontiert wurde, das einen Schwangerschaftsabbruch in bestimmten Fällen ermöglichen sollte. Er war aus moralischen Gründen dagegen, doch um eine konstitutionelle Krise abzuwenden, verzichtete er für einen Tag auf den Thron, sodass das Gesetz verabschiedet werden konnte. Dies wurde weithin als eine vernünftige Lösung für ein moralisches Dilemma bewundert und es war ein eindeutig ein klassischer Fall von einem „Belgischen Kompromiss".

Geschäftsleben

Belgien scheint die ideale Heimat kleiner Geschäftsleute zu sein: winzige Familienbetriebe führen Raumausstattungsunternehmen, Geschäfte, Werkstätten, Reinigungsfirmen. Männer in ihren grauen *cache-poussières* (Arbeitskitteln) öffnen ihre Elektrogeschäfte und Reparaturbetriebe bei Tagesanbruch und Ladeninhaberinnen reinigen am Ende des Tages emsig den Fußboden und die Stufen vor dem Geschäft, bevor sie die Tür abschließen und die Tageseinnahmen im Nachttresor deponieren.

›› Ladeninhaberinnen reinigen am Ende des Tages emsig den Fußboden und die Stufen vor dem Geschäft.

Heutzutage wird die Geschäftswelt Belgiens jedoch von großen Konzernen dominiert, viele von ihnen sind ausländisch oder multi-national so wie SUEZ (Energie, Wasser,

Umweltdienstleistungen) und der alte Pharma- und Chemieriese *Solvay*. Gleichwohl ist die Wahrnehmung vor Ort eine andere.

Es gibt kaum Sentimentalität, was das belgische Geschäftsleben betrifft. Angefangen beim einzelnen Kunden und Restaurantbesucher ist der kommerzielle Instinkt insgesamt scharf und unerbittlich: Der Markt regiert. Man nehme als Beispiel den Markt für Souvenirs, den die Belgier mit Freude ausschöpfen. Man kann Manneken-Pis-Korkenzieher, Tim-und-Struppi-Schlüsselringe, quasimittelalterliche Folterinstrumente und Unterwäsche mit einer Abbildung des Atomiums kaufen. Sogar Textilien aus Spitze wurden ins Touristengeschäft hineingezogen.

» Angefangen beim einzelnen Kunden und Restaurantbesucher ist der kommerzielle Instinkt scharf und unerbittlich: Der Markt regiert.

Spitze war einst die Domäne der Damen der zahlreichen *béguinages* – halb-religiöser Niederlassungen (und Zufluchtsorte) alleinstehender Damen, die auf einen Heiratsantrag warteten oder den Tod. Allerdings ist die Nachfrage nach Spitze der Mode unterworfen. Im 19. Jahrhundert waren alle verrückt nach Spitze und es gab etwa 50.000 Spitzenklöpplerinnen in Belgien. Heutzutage setzt maschinengefertigte Spitze aus dem fernen Osten der mühsamen Tradition der handgefertigten Spitze schwer zu. Echte belgische Spitze wird noch immer von Hand gefertigt und ist weiterhin erhältlich – aber zu einem Spitzen-Preis, der den Kundenkreis auf echte Fans reduziert.

Antwerpen ist berühmt für seinen abgebrühten Geschäftsstil. In einiger Entfernung von seinem mittelalterlichen Stadtkern besitzt es den zweitgrößten Hafen Europas (nach Rotterdam) mit 130 km langen Hafenanlagen. Bei Nacht verwandeln sich die umliegenden Raffinerien in eine magische Welt aus einer Billion Sternenlichter, vor dem Hintergrund des gespenstischen, orangefarbenen Widerscheins und tiefen Grollens der Abfackelung von Raffineriegasen.

» Antwerpen ist die Diamantenhauptstadt der Welt.

Antwerpen ist auch die Diamantenhauptstadt der Welt. Dieses schwindelerregend profitable Gewerbe, in dem 85 % der Rohdiamanten der Welt gehandelt werden, ist zusammengepresst auf unglamouröse 1,5 km^2 in der Nähe des Bahnhofs, wo Diamantschmuck eimerweise verkauft wird – Diamanten mögen für die Ewigkeit sein, Sonderangebote sind es nicht.

Brüssel, Hauptstadt Europas

Für manche Europäer ist schon der Name Brüssel das, was das rote Tuch für den Stier ist. Sie sehen es als die Quelle allen Übels aus Eurozentralismus und unbefugter Einmischung. Sogar für diejenigen, die der Europäischen Union freundlich gesinnt sind, ist sie mitunter eine Zielscheibe des Spotts. Witze wie diesen gibt es in Massen:

> Frage: Wie viele Leute arbeiten bei der EU-Kommission?
> Antwort: Etwa ein Drittel.

Trotz allem befürworten die Belgier im Großen und Ganzen sehr ein vereintes Europa. Die blaue, sternenbedeckte Europaflagge kann man auf Autoaufklebern, Postkarten, Regenschirmen, Taschen, Notizbüchern und Zahnbürsten finden. Sogar Manneken Pis hat sein eigenes sternenbedecktes Europakostüm.

Die Gründe für ihren Enthusiasmus sind recht offensichtlich. Zunächst einmal profitiert Brüssel enorm davon, im Fokus der Aufmerksamkeit und der dazugehörenden Geldmittel zu stehen. Tatsächlich sind etwa ein Drittel der Einwohner der Stadt Ausländer, von denen wiederum die Hälfte aus EU-Ländern kommt. Die EU sorgt in Brüssel für etwa 50.000 Arbeitsplätze und für mindestens weitere 100.000 Arbeitsplätze durch die Anwesenheit von EU-Einrichtungen in der Stadt. Der finanzielle Nutzen für Belgien wird auf etwa 4,5 Milliarden Euro pro Jahr geschätzt.

Die Belgier wollen die europäische Einheit zuallererst, weil sie zu viele Kriege gesehen haben, die wegen und in ihrer

Heimat als Ergebnis nationalistischer Zankereien geführt wurden. Als geborene Händler wollen sie außerdem von offenen Märkten profitieren. Falls ihr Land sich in die föderalen Einheiten auflösen sollte, kann dies zumindest unter dem größeren Schirm Europas geschehen, wo nationale Grenzen ohnehin aufgeweicht werden und Regionen die Freiheit haben, sich anzuschließen, wem sie wollen. Tatsächlich macht Belgiens Mangel an einer starken nationalen Identität es wahrscheinlich zum perfekten Land für die Hauptverwaltung der Europäischen Union.

Schlipsträger

Für jemanden, der nicht allzu viel weiß über den Grabenbruch, der die Flamen von den Wallonen trennt, mag es den Anschein haben, dass alle belgischen Geschäftsleute gleich aussehen. Sie tragen unauffällige, makellose Anzüge, haben dünne Aktenkoffer dabei und halten sachliche Besprechungen ab, in denen Witze und nutzloses Gerede über Golf und Gartenarbeit definitiv nicht zur Tagesordnung gehören.

» Im Büro tragen sie unauffällige, makellose Anzüge und halten sachliche Besprechungen ab.

„Das weisen wir von uns; wir sind nicht alle gleich!" erklären die flämischen und die wallonischen Geschäftsleute wie aus einem Munde (wobei die meisten Geschäftsleute tatsächlich Geschäftsmänner sind).

Nach Ansicht der Flamen braucht man französischsprachige Geschäftsleute nicht allzu ernst nehmen. Letztere werden einen Vertreter, der zu Besuch kommt, hinhalten und zwar Interesse zeigen, jedoch keine Entscheidung fällen. Die Entscheidungsfindung kann Jahre dauern. Flämische Geschäftsleute sehen ein Produkt, entscheiden sich und senden umgehend ihren eigenen Vertragsvorschlag. Das geht fast zu schnell, aber was soll's, wenn es ein Fehler gewesen sein sollte: Sie gleichen den Verlust mit einem parallel dazu abgeschlossenen Geschäft aus.

Der flämische Geschäftsmann sitzt um 7 Uhr an seinem Schreibtisch. Der Wallone (meint jedenfalls der Flame) verlässt zu diesem Zeitpunkt wahrscheinlich gerade das Haus, genehmigt sich einen Kaffee und ein Croissant in einem Café, besucht seine Geliebte und schlägt gegen 10.30 Uhr im Büro auf, wo er seiner Sekretärin ein paar knappe Anweisungen erteilt. Der flämische Geschäftsmann macht sich Gedanken darüber, wie er mehr arbeiten kann, um mehr Geld zu verdienen. Der Wallone denkt darüber nach, wie er weniger arbeiten kann, um mehr Geld zu verdienen. Grundsätzlich halten die Flamen die Wallonen für faul.

›› Der flämische Geschäftsmann macht sich Gedanken darüber, wie er mehr arbeiten kann, um mehr Geld zu verdienen.

Nach Ansicht der Wallonen gehen die Flamen Geschäfte nach dem Motto an: „Ich zuerst und dann der Rest". Dem flämischen Geschäftsmann fehle es an Raffinesse. Geschäftsstrukturen in Flandern mögen zwar demokratischer und offener sein, die Chefs technisch versierter, weil sie sich hochgearbeitet haben. Doch die Flamen diskutieren ein Problem in Grund und Boden, um einen Kompromiss zu erreichen. Wo bleibt bei dieser Arbeitsweise der Elan, die Fantasie? Die Antwort steht auf dem Kontoauszug, lautet die Erwiderung. Flandern blüht, die Wallonie darbt. Hier ist ein flämischer Witz über die Arbeitshaltung der Wallonen:

Ein wallonischer Politiker spricht vor einer Zuhörerschaft von Arbeitern: „Mit unserem Wirtschaftsplan können Sie sich alle auf eine viertägige Arbeitswoche freuen!“

Enthusiastischer Applaus.

„Und schon bald danach werden wir Ihnen eine dreitägige Arbeitswoche anbieten.“ Noch stärkerer Applaus.

„Und noch später werden Sie gut davon leben können, wenn Sie nur zwei Tage die Woche arbeiten!“ Frenetischer Applaus und Zurufe.

„Ja, und schließlich werden Sie eine eintägige Arbeitswoche haben.“ In diesem Moment hört man eine Stimme aus dem Saal: „Das ist wunderbar, aber bitte nicht an Montagen!“

Sprache

Um eine Stelle bei einer nationalen Behörde antreten zu können, muss man zweisprachig sein. Das ist ein großer Nachteil für die Französischsprachigen, denn diese hegen traditionell eine tiefe Abneigung dagegen, Niederländisch (die Sprache Flanderns) zu lernen. Wozu soll man, so fragen sie, eine Sprache lernen, die nur von 6 Millionen Leuten gesprochen wird? (Eigentlich sind es 23 Millionen, wenn man die Niederländer mitrechnet).

Die Flamen finden es unglaublich, dass sich die Französischsprachigen so beständig weigern, ihre Sprache zu lernen. Es ist nicht unüblich, dass Frankophone, die mit Flamen verheiratet sind und in Flandern leben, fast nicht mehr als das rudimentärste Niederländisch sprechen können. Um Rache zu nehmen, weigern sich die Flamen demonstrativ – auch wenn sie Regierungsämter bekleiden, für die Zweisprachigkeit eine grundsätzliche Anforderung ist – Französisch zu sprechen. Rückblickend kann man sagen, dass die belgische Regierung schon vor langer Zeit eindeutige Schritte im Bildungssystem hätte unternehmen müssen, um sicherzustellen, dass alle Belgier fließend beide Sprachen sprechen. Oh nein, sagen die Flamen mit einem Grinsen: In dem Fall hätten sich die Französischsprachigen ja nicht so leicht von praktisch allen Regierungsämtern ausgeschlossen.

» Um eine Stelle bei einer nationalen Behörde antreten zu können, muss man zweisprachig sein.

Niederländisch (früher bekannt als Flämisch)

Jetzt ist es offiziell: Die Sprache Flanderns wurde umbenannt in Niederländisch und soll nicht mehr Flämisch genannt werden. Trotzdem sprechen viele Leute umgangssprachlich immer noch von *Vlaams* (Flämisch), obwohl dies nie so sehr eine Sprache war, als eher eine Sammlung von ganz verschiedenen Dialekten. So finden es die Menschen in Westflandern schwierig, die Leute in Ostflandern zu verstehen. In der Schule lernen die Kinder (Hoch-)Niederländisch *(Nederlands),* also die Verkehrssprache der niederländischsprachigen Welt ist und dies ermöglicht ihnen die Kommunikation mit allen flämischen Mitbürgern sowie den Niederländern selbst (die wiederum ihre eigenen Dialekte haben).

Ein kleiner aber signifikanter Unterschied zwischen flämischen Niederländischsprachigen und den eigentlichen Niederländern ist, dass die Flamen im Gegensatz zu den Niederländern aus politischer Abneigung keine importierten französischen Wörter wie beispielsweise *coiffeur* (Friseur) verwenden. Die Flamen verwenden entweder ein niederländisches Wort dafür, oder wenn es gar nicht anders geht, ein englisches.

Wallonisch

Das Wort „wallonisch" geht auf die Wurzel *walha* zurück, ein alter germanischer Ausdruck, der Keltisch- und Lateinischsprachige umschreibt. Er wurde angewendet auf die Menschen in Südbelgien, die ihre eigene Form von Französisch entwickelt haben – was im Grunde genommen eine Mischung aus Keltisch und Latein ist. Wallonisch ist daher ein französischer Dialekt, oder vielmehr eine Sammlung regionaler Dialekte. Heute sprechen nur noch wenige Leute reines Wallonisch und die Sprache ist dabei zu verschwinden, erhalten sind nur ein paar Wörter, die die Sprache der Französischsprachigen in der Wallonie würzen. Beispielsweise nennen einige Kartoffeln *les canadas.*

Französischsprachige Belgier sprechen ansonsten normales Französisch – außer dass sie *septante* für siebzig und *nonante* für neunzig sagen und traditionell einen kehligen Akzent haben, den die Franzosen gern nachahmen.

Bruxellois

Brüssel ist die dritte große Verwaltungsregion Belgiens, gehört also weder zu Flandern noch zur Wallonie, obwohl die Mehrheit ihrer Bewohner Französisch spricht. Die alte Sprache Brüssels war Flämisch, doch als Belgien Teil des Herzogtums Burgund war, wurde Französisch die Sprache der Führungsschicht, was sich nach unten durchgesetzt hat. Die Einheimischen entwickelten ihren eigenen Mischdialekt, genannt *bruxellois,* was größtenteils Flämisch (heutzutage natürlich Niederländisch genannt) ist, das mit Brocken von Französisch und Spanisch durchsetzt ist.

Es gibt noch immer ein paar waschechte Brüsseler, die ohne Mühe vom Flämischen (also dem Niederländischen) zum Französischen und wieder zurück wechseln ohne es recht zu merken, und ihre Sprache mit derben Worten und Ausdrücken würzen, die man nur im *bruxellois* findet. Beispielsweise wird ein Mann, der Probleme hat, seine Hände unter Kontrolle zu halten, *froucheleir* genannt (von niederländisch *frutselen* = fummeln), und ein *schieve lavabo* – wörtlich ein „schiefes Waschbecken“ – ist eine betrügerische Ratte.

Schildbürger

Belgien mag ein Land zweier Sprachen sein (plus Deutsch, natürlich), aber es ist kein zweisprachiges Land. Zweisprachige Produktbeschreibungen und Plakate erwecken einen völlig falschen Eindruck.

Es ist unmöglich, nur anhand des Nachnamen zu erraten, zu welcher Sprachgruppe ein Belgier gehört. Ein De Staercke, Kickx oder Verbeeck kann durchaus frankophon sein, während (obwohl etwas unwahrscheinlicher) ein Belpair, Cantré oder Le Bon ein Flame sein kann.

In der Nähe der Sprachgrenzen gibt es die Tendenz, dass Aushänge in der einen Sprache mit Beleidigungen in der anderen Sprache beschmiert werden. Für die meisten Städte gibt es zwei Namen; auf den Hinweisschildern werden aber die lokalen Bezeichnungen angegeben. Wenn man also den Weg zur französischsprachigen Stadt Mons sucht, muss man wissen, dass man im Flämischen nicht nach Mons, sondern nach Bergen fährt, statt nach Liège geht es nach Luik (und auf Deutsch Lüttich), statt Namur heißt es Namen. Umgekehrt heißt die flämische Stadt Mechelen auf französisch Malines, Ieper ist Ypres (bzw. Ypern) und Veurne heißt Furnes. Außerhalb von Brüssel haben die beiden Volksgruppen, zerrissen durch das Gezänk über die Sprache, noch nicht einmal den Anstand, zweisprachige Schilder aufzustellen.

Fin

beziehungsweise

EINDE

Der Autor

Als junger Mann hatte **Antony Mason** fast keinen Kontakt zu Belgien, außer wenn er per Anhalter auf der Durchreise war. Bei einer dieser Reisen wurden er und seine Mitfahrer von einem freundlichen belgischen Fahrer mitgenommen, der mit Höchstgeschwindigkeit fuhr und sich ständig umdrehte, um lange Gespräche mit den Insassen auf der Rückbank zu führen. Das bestätigte bestimmte Vorurteile über die Fahrkünste der Belgier, die der Autor seither zusammen mit anderen Vorurteilen über die Belgier genau überwacht, und Stück für Stück loslässt.

Dies wurde dadurch vereinfacht, dass er eine wunderschöne Wallonin kennengelernt und geheiratet hat. Sie leben inzwischen mit ihrem englisch-belgischen Sohn in London, doch sie besuchen die Wallonie, Brüssel und Flandern mit ständig wachsendem Vergnügen.

Mason ist Autor von über 80 Büchern zu Themen wie Reisen, Entdeckungsfahrten, Geschichte, Antiquitäten, Architektur, Zimmerpflanzen, Volleyball, Spionage ... aber es war sein Buch *Cadogan City Guide to Brussels, with Bruges, Ghent and Antwerp,* an dem er drei Jahre arbeitete, und das die Geduld seiner belgischen Familie bis zum Äußersten strapazierte. Er fürchtete, dass das vorliegende Buch das Fass zum Überlaufen bringen würde. Doch wie echte Belgier nahmen sie die ganze Sache bewundernswert tolerant und eher belustigt auf.

Was mir noch aufgefallen ist ...

Die Belgier ...

Poste ein Bild von diesen Seiten auf Instagram unter #fremdenversteher #reiseknowhow oder auf Facebook/Reise Know-How oder schick uns eine Mail an fremdenversteher@reise-know-how.de

In Belgien ...

Poste ein Bild von diesen Seiten auf Instagram unter #fremdenversteher #reiseknowhow oder auf Facebook/Reise Know-How oder schick uns eine Mail an fremdenversteher@reise-know-how.de

Du weißt, dass Du in Belgien bist, wenn ...

Poste ein Bild von diesen Seiten auf Instagram unter #fremdenversteher #reiseknowhow oder auf Facebook/Reise Know-How oder schick uns eine Mail an fremdenversteher@reise-know-how.de

Außerdem von Reise Know-How:

Außer den Fremdenverstehern gibt es von Reise Know-How viele Bücher rund ums Reisen und für die weite Welt.

Reiseführer

Mehr wissen, mehr sehen, mehr erleben: Die kompletten Reisehandbücher für individuell Reisende. Antworten auf alle praktischen Fragen von A bis Z, dazu Hintergründe, Geschichte und Geschichten.

CityTrip

Die handlichen, praktischen Stadtführer mit Faltplan und Web-App für den individuellen Kurztrip. Erhältlich für alle Metropolen und die schönsten Reiseziele, aber auch für viele kleinere Städte, die es noch zu entdecken gilt.

Kauderwelsch-Sprachführer

Die Kauderwelsch-Familie umfasst neben dem handlichen Sprachführer auch den dazu passenden AusspracheTrainer (mp3-Download oder Audio-CD). Kauderwelsch-Sprachführer bieten mehr als ein reines Phrasenbuch: Die knappe Einführung in die Grammatik, die Wort-für-Wort-Übersetzungen und das Wörterverzeichnis helfen, sich schnell in der neuen Sprache zu orientieren und sie bald selbst anzuwenden.

world mapping project Landkarten

Reiß- und wasserfest, beschreibbar, aktuell und alltagstauglich: Diese Eigenschaften kennzeichnen die hochwertigen Reisekarten von Reise Know-How in der Serie „world mapping project“. Erhältlich für fast alle Länder der Erde und zahlreiche interessante Regionen – und das im jeweils besten Maßstab.

... und vieles mehr auf www.reise-know-how.de

„Die Franzosen mögen es, wenn sich die Regierung in ihr Leben einmischt. [...] der Staat ist Frankreich (wie Kochen, Wein, Frauen, das Landleben, Paris, Kultur, Kinder, Freiheit-Gleichheit-Brüderlichkeit und ihr angeborenes Recht, auf dem Zebrastreifen zu parken)."

„Die meisten Nationen betrachten die Niederländer als organisiert und effizient – ähnlich den Deutschen, nur nicht so beeindruckend. [...] Die Bäume in der Landschaft sind in Linien gepflanzt und die schwarz-weißen Kühe sind in ordentlichen kleinen Gruppen arrangiert."

„Japaner sind von Haus aus gesellig – Individualität und Egoismus sind genauso willkommen wie ein Sumoringer, der sich am Büffet vordrängelt. [...] In Japan möchte sich jeder von allen anderen unterscheiden und zwar auf genau die gleiche Art."

„Die Engländer sind stolz auf ihren Sinn für *fair play* und nehmen an, dass dieser auch von allen anderen anerkannt und bewundert wird. [...] Wenn also ein Engländer sein Wort bricht, sollten die Ausländer gefälligst verstehen, dass es einen zwingenden Grund dafür gibt."

„Aus schwedischer Perspektive sind die Unterschiede zwischen den nordischen Ländern gravierend. Dänemark ist horizontal, Norwegen ist vertikal, Island schmilzt weg, Finnland ist ein Labyrinth und Schweden ist atemberaubend idyllisch."

„Die USA sind ein Land, in dem sich einst Abenteurer, religiöse Fanatiker und Außenseiter niederließen (eine demographische Mischung, die sich in den letzten 400 Jahren kaum geändert hat)."

In der Reihe „Die Fremdenversteher" sind bisher erhältlich:

So sind sie, die Amerikaner	ISBN 978-3-8317-2870-1
So sind sie, die Australier	ISBN 978-3-8317-2883-1
So sind sie, die Belgier	ISBN 978-3-8317-2884-8
So sind sie, die Deutschen	ISBN 978-3-8317-2871-8
So sind sie, die Engländer	ISBN 978-3-8317-2872-5
So sind sie, die Franzosen	ISBN 978-3-8317-2873-2
So sind sie, die Isländer	ISBN 978-3-8317-2875-6
So sind sie, die Italiener	ISBN 978-3-8317-2876-3
So sind sie, die Japaner	ISBN 978-3-8317-2877-0
So sind sie, die Niederländer	ISBN 978-3-8317-2874-9
So sind sie, die Österreicher	ISBN 978-3-8317-2878-7
So sind sie, die Polen	ISBN 978-3-8317-2879-4
So sind sie, die Schweden	ISBN 978-3-8317-2880-0
So sind sie, die Schweizer	ISBN 978-3-8317-2882-4
So sind sie, die Spanier	ISBN 978-3-8317-2881-7

Alle Titel haben 108 Seiten und kosten 8,90 € (in Deutschland). Außerdem sind alle Titel auch als E-Book verfügbar, jeweils in den Formaten epub und mobi (für Amazon kindle).